So finde ich meinen
Gartenstil

MARION LAGODA

FLORA
Garten

Die
schönsten
Beispiele von
ländlich bis
fernöstlich

So finde ich meinen
Gartenstil

Was Sie in diesem Buch finden

Der Garten
als grüne Biografie

Am Anfang steht die Idee

Es gibt wohl kaum einen Menschen, bei dem das Wort »Garten« nicht sofort eine Fülle von Bildern im Kopf freisetzt. Die meisten von uns haben eine gewisse Vorstellung davon, wie der Garten ihrer Träume auszusehen hat, bevor sie auch nur einen Gedanken an den ersten Spatenstich verschwendet haben, und oft genug auch lange bevor sie überhaupt einen eigenen Garten besitzen.

Der eine wünscht sich auf die wilde Blumenwiese seiner Kindheit zurück oder er wandert immer wieder in Gedanken durch das märchenhafte, aber längst vergangene Rosenreich der französischen Kaiserin Joséphine. Andere sind um die Welt gereist, haben Gärten anderer Länder und Kulturen kennengelernt und wollen auf heimischem Grund vielleicht ein neues Sissinghurst oder eine Variante der Anlagen von Kyoto entstehen lassen. Manche von uns lieben es überaus, dem Wind zu lauschen, wenn er durch ein wildbewegtes Gräserbeet weht. Und wer eine klare Linienführung schätzt, wird sein Glück letztendlich im formalen Grün eines Buchsbaumparterres finden.

All diese Empfindungen, so diffus sie mitunter auch sein mögen, bringen uns dem Garten unserer Träume ein Stück näher, denn wichtig für die Anlage eines realen Gartens ist es zunächst, sich für ein Thema, eine Idee zu entscheiden. Dazu möchte dieses Buch Hilfestellung leisten.

Neun Konzepte für eine stimmige Gestaltung

Vorgestellt werden neun zum Teil sehr unterschiedliche, zum Teil verwandte Gartenstile mit all ihren charakteristischen Merkmalen, den typischen Pflanzen, spezifischen Gestaltungskriterien sowie passenden Accessoires. Denn ob die Wahl fürs eigene grüne Paradies nun auf einen Japan- oder einen Landhausgarten, einen formalen Schwimmteich oder eine Anlage zum Ruhm der Rose fällt:

All diesen Konzepten liegen ganz bezeichnende Eigenschaften zugrunde, die es zu beachten gilt, wenn der Garten in sich stimmig sein soll.

Um zu einem harmonischen Konzept fürs eigene Grün zu gelangen, hilft bisweilen auch ein kurzer Blick in die Geschichte. Wenn wir heute einen Garten anlegen, bedienen wir uns ganz automatisch den seit Jahrtausenden bewährten Formeln der Gartenkunst, selbst wenn wir uns nie für Gartengeschichte interessiert haben. Auch sehr moderne Anlagen stehen lediglich am Ende einer langen Tradition und greifen oftmals auf bewährte Entwürfe der Vergangenheit zurück, auch wenn dies nicht immer gleich ersichtlich ist. Es ist gut zu wissen, wo die Wurzeln des einen oder anderen Gartenstils liegen. Erst dieses Wissen lehrt uns, was einen bestimmten Stil ausmacht.

▶ Schwimmteiche sind der neueste Trend, wenn Wasser die Hauptrolle im Garten spielen soll. Diese formale Anlage wirkt leicht, luftig und sehr modern.

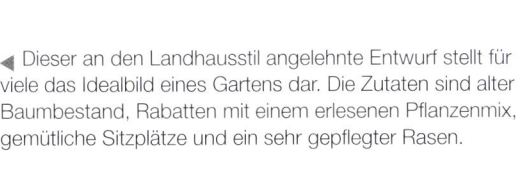

◀ Dieser an den Landhausstil angelehnte Entwurf stellt für viele das Idealbild eines Gartens dar. Die Zutaten sind alter Baumbestand, Rabatten mit einem erlesenen Pflanzenmix, gemütliche Sitzplätze und ein sehr gepflegter Rasen.

Die Lebensphilosophie bestimmt den Stil

Es ist heutzutage nicht leicht, all diese Details im Kopf zu behalten, wenn man darangeht einen Garten anzulegen. Früher war es einfacher. Um zu wissen, wie die eigene Anlage auszusehen habe, genügte in der Regel ein Blick über den Gartenzaun. Ein einfacher Bürger oder Bauer auf dem Land kannte weder die höfischen Prachtgärten der Vergangenheit noch die Gartenkultur anderer Nationen. Man pflanzte das, was der Nachbar pflanzte und was sich seit Generationen bewährt hatte. Im Herbst wurde Saatgut gesammelt, das dann im Frühjahr wieder in die Erde kam. Eine

andere Möglichkeit gab es auch nicht. Gartencenter waren noch nicht erfunden und selbst wenn, hätten unsere Vorfahren kaum ihr mühsam verdientes Geld für damals noch völlig unbekannte Gewächse ausgegeben, deren Pflege ihnen überdies ein Geheimnis gewesen wäre.

In unserer globalisierten Welt steht uns heute eine unüberschaubare Palette an Pflanzen aus aller Herren Länder für unseren Garten zur Verfügung. Viele von uns wissen über die Gartenkultur vergangener Epochen und anderer Kulturen Bescheid, aber das alles macht unsere Ent-

scheidung für einen eigenen Gartenstil nicht gerade leichter. Mit einer Fülle von Eindrücken im Kopf tun wir uns schwer, das für uns bestimmte Konzept zu entwickeln.

Und selbst wenn wir uns endlich für einen bestimmten Stil entschieden haben, ist zu beachten, dass ein Garten nur bis zu einem gewissen Punkt wirklich kontrollierbar ist. Denn wie so vieles in unseren modernen Zeiten entwickeln Gärten eine komplizierte Eigendynamik, die sich aus den wechselnden Jahreszeiten sowie den jeweiligen Wachstumsprozessen und natürlichen Entwicklungsstadien der

Darf's ein bisschen wild sein? Eine farbenfrohe Blumenwiese mit einer breitgefächerten Pflanzenvielfalt ist eine Augenweide, aber einem fortwährenden Wandlungsprozess unterworfen. Die jahreszeitlichen Zyklen lassen sich in einem solch naturnahen Garten besonders gut beobachten.

Pflanzen ergibt. In natürlich angelegten Gärten mit einer wilden Blumenwiese etwa sind diese Veränderungen sicher besser zu beobachten als in einer architektonischen Anlage mit geradlinigen Buchsbaumkarrees, die von Menschenhand stets penibel in Form gehalten werden, aber auch dort sind sie auszumachen.

Wahl zwischen Wandel und Kontinuität

Für manche Menschen liegt der Reiz eines Gartens gerade in diesem steten Wandel, der sich unseren Einflüssen weitgehend entzieht. Für sie ist diese anarchistische Wesensart des Gartens ein willkommenes Pendant zu unserer durchstrukturierten Welt, in der alles plan- und machbar sein soll. Kommt Ihnen das bekannt vor, werden Sie vielleicht einen naturnahen Gartenstil bevorzugen. Wer dagegen Verlässlichkeit und Kontinuität im eigenen Grün sucht, wird sich vermutlich eher für eine traditionell gestaltete Anlage im Landhausstil oder in formaler Ausrichtung entscheiden. Insofern hat die Entscheidung für einen persönlichen Gartenstil auch sehr viel mit unserer eigenen Lebensphilosophie zu tun.

Wozu auch immer man sich aber schließlich durchringen mag, fest steht, dass ein Garten auch für den bescheidensten Reihenhausgärtner in der Regel weit mehr ist als eine grüne Freifläche hinter dem Haus. Der Dichter Hugo von Hofmannsthal, ein Mann des Fin de siècle, meinte einst, wer einen Garten anlege, schreibe damit gleichsam »seine stumme Biografie«. Und auch wenn der Gedanke seinen Reiz hat, dass all das Buddeln und Graben, das Pflanzen und Säen letztendlich ein poetischer Akt ist, so ist Hofmannsthals Statement doch mit einem ziemlich hohen Anspruch verbunden, der manche von uns leicht überfordern kann. Umso wichtiger ist, zu wissen, welchen Gartenstil wir wirklich wollen, welcher Stil uns gemäß ist und zu unserem Lebensentwurf passt. Auch in dieser sehr grundsätzlichen Entscheidung möchte dieses Buch Sie unterstützen.

Diese streng architektonische Anlage mit penibel getrimmten Hecken und exakt ausgerichteten Sichtachsen kommt dem Ideal von Perfektion und Beständigkeit schon sehr nahe. Aber auch in dieser vermeintlich ewig gleichen Gartenwelt hinterlässt die Zeit ihre Spuren. Garten bedeutet Veränderung.

Was haben Sie?
Was wollen Sie?

Ein Garten, ein unbebautes Stück Land hinter dem Haus, birgt ja bei aller Unterschiedlichkeit von Lage und Größe stets eine Fülle von Möglichkeiten. Bevor man jedoch in der ersten Begeisterung für das grüne Steckenpferd das nächste Gartencenter plündert und alle Lieblingspflanzen zu Hause irgendwie in die Beete versenkt, sollte man sich Gedanken über den eigenen Lebensstil machen. Am Anfang steht die Frage: Was wollen Sie? Einen Familiengarten mit gemütlicher Terrasse, Spielgeräten für die Kinder und einer Grillecke? Vielleicht möchten Sie florale Raritäten sammeln oder aber Kräuter und Gemüse für die eigene Küche ziehen? Möglicherweise träumen Sie von einem Schwimmteich über den die Libellen tanzen oder einer japanischen Anlage im Geiste des Zen. Muss das Grün pflegeleicht sein, weil Sie viel unterwegs sind, oder haben Sie Lust und Zeit jeden Tag vier bis sechs Stunden in den Rabatten zu arbeiten? Schon aus der Beantwortung dieser Fragen kristallisieren sich einige geeignete und auch ungeeignete Gartenstile heraus.

Desweiteren muss klargestellt werden: Was haben Sie? Ist Ihr Grundstück handtuchgroß und sonnig? Oder besitzen Sie ein weitläufiges Terrain mit altem Baumbestand? Vielleicht steht gerade mal ein schattiger, von Mauern umgebener Hin-

Die moderne Anlage mit pflegeleichtem Grün und Schwimmteich ist eine kleine Wellness-Oase, wird den passionierten Pflanzenfreund aber kaum zufriedenstellen.

terhof für das grüne Experiment zur Verfügung. Wichtig ist auch die Lage von Haus und Garten. Ist die Aussicht in die Umgebung prachtvoll und unbedingt erhaltenswert oder ist sie eher kaschierungsbedürftig? Wollen Sie Ihren Garten mit der umgebenden Landschaft verbinden oder davon abgrenzen und eine eigene Pflanzenwelt in ihm erschaffen?

Die Suche nach der Harmonie der Dinge

Und wie sind die klimatischen Bedingungen? Schon jetzt macht sich in einigen Gegenden Europas der Klimawandel bemerkbar. Im Osten Deutschlands regnet es im Sommer oft über mehrere Wochen lang nicht. Da ist es überlegenswert, ob große Rasenflächen und Staudenrabatten nicht sinnvollerweise durch trockenheitsresistentere Pflanzungen ersetzt werden können, die nicht jeden Tag gewässert werden müssen. Das tägliche Wässern ist nicht nur ökologisch fragwürdig sondern auch teuer. Schließlich soll der Garten nicht zum Armutsrisiko werden. Wer auf all diese Fragen eindeutige Antworten gefunden hat, ist schon sehr weit und wird beim Weiterblättern mit einiger Sicherheit einige Anregungen finden, die bei der Suche nach dem eigenen Gartenstil weiterhelfen werden.

Diese Anlage im japanischen Stil beherbergt erlesene Fächerahorne und Azaleen, bei deren zeitaufwändigem Schnitt der Besitzer Ruhe und Entspannung findet.

Wie bereits erwähnt, sind viele unserer heutigen Gärten von den Anlagen der Vergangenheit inspiriert. Nach wie vor lieben wir die zeitlose Fomgebung der Renaissance ebenso wie die farbenfrohe Nonchalance eines Bauerngartens oder die eleganten Ton-in-Ton-Rabatten, die den englischen Gartenstil vor hundert Jahren so berühmt gemacht haben. Für die meisten Gartenbesitzer dienen die Anleihen bei früheren Epochen jedoch lediglich als grobes Muster, in dessen Rahmen wir unsere eigenen floralen Phantasien kreativ umsetzen. Auf diese Weise hat sich Gartenkultur schon immer entwickelt. Ein Garten ist nun mal kein Produkt, sondern ein Prozess. Er entsteht nicht einfach aus dem Nichts, und er bleibt auch nie wie er ist.

Der Unterschied zum Gartenbild früherer Epochen ergibt sich auch aus den Anforderungen, die wir heutzutage an unser Grün stellen. In der Vergangenheit musste ein Garten seine Besitzer ernähren oder seinen Ruhm mehren. Und auch wenn manche Anlagen auch heute noch einen repräsentativen Charakter aufweisen und es im Moment mal wieder en vogue ist, eigene Tomaten und Kürbisse selbst zu ziehen, so sind die Aufgaben, die ein Garten im 21. Jahrhundert zu erfüllen hat, doch mannigfaltiger. »Der Garten«, so befand der Landschaftsarchitekt Dieter Kienast, »ist der letzte Luxus unserer Tage, denn er fordert das, was in unserer Gesellschaft am kostbarsten geworden ist: Zeit, Zuwendung und Raum«.

In unserer schnelllebigen Welt wird der Garten als ein Ort der Entschleunigung empfunden, als eine Oase, die uns zu Atem kommen lässt. Wichtig ist zu wissen, wie wir unseren Garten als Hort der Entspannung nutzen möchten. Wollen wir ihn in erster Linie auf dem Deckchair liegend betrachten und das Buddeln in den Beeten auf ein Mindestmaß reduzieren, oder finden wir gerade beim Wühlen in der Erde, beim Beschneiden der Rosen oder dem Pikieren von Sämlingen Frieden und Erfüllung. Bei aller Schönheit, die wir in ihm zu finden hoffen, muss ein Garten auch immer seinem Besitzer gemäß sein.

Am Ende des 19. Jahrhunderts formulierte wiederum Hugo von Hofmannsthal, wie ein gelungener Gartenentwurf auszusehen habe. Es gelte »die Harmonie der Dinge zu fühlen, aus denen ein Garten zusammengesetzt ist: dass sie untereinander harmonisch sind, dass sie einander etwas zu sagen haben, dass in ihrem Miteinanderleben eine Seele ist, so wie die Worte des Gedichtes und die Farben des Bildes einander anglühen, eines das andere schwingen und leben machen«. Es ist schwierig, diesem Anspruch als einfacher gartenbegeisterter Mensch gerecht zu werden, aber vielleicht hilft diese Lektüre, sich Hofmannsthals ehrgeizigem Ideal zumindest ansatzweise zu nähern.

Landhausgärten – zurück zu den Wurzeln

Der Traum vom Leben auf dem Lande

Landhausgärten sind Gärten der Sehnsucht, des Verlangens nach unverfälschter Natur und einer verschwenderischen Fülle unprätentiöser, altbekannter Pflanzen, die schon im Grün unserer Großeltern wuchsen. Landhausgärten sind Oasen für Nostalgiker, sie versprechen Ruhe und Geborgenheit in einer unübersichtlich gewordenen Welt. Sie sind selten repräsentativ, sondern dienen ihren Besitzern als behaglicher Rückzugsort. Kein Wunder also, dass der Stil so beliebt ist. Und das Beste ist natürlich, dass er sich keineswegs ausschließlich auf dem Land verwirklichen lässt, sondern genauso gut in der Stadt. Und tatsächlich sind es ja in den meisten Fällen die Bewohner der Metropolen, die diesen beschaulichen Gartenstil bevorzugen.

Die zeitgenössische, oftmals etwas stilisierte Form des Landhausgartens hat bescheidene Ahnen. Es sind die Bauerngärten vergangener Jahrhunderte, kleine Flecken Land, auf denen die Landarbeiter und Tagelöhner all die Dinge zogen, die für ihre Existenz und das Wohl ihrer Familie wichtig waren: Gemüse für den Kochtopf, Früchte für Marmeladen, Kräuter für die Hausmedizin und Blumen, um den Bienen Nektar zu geben und dem Haus Wohlgeruch. All das suchen wir auch heute noch in einem Landhausgarten, auch wenn die Versorgung mit selbst gezogenen Nahrungsmitteln längst keine Überlebensstrategie mehr ist, sondern einfach Spaß macht. Es geht um das intensive Erleben der Natur, des Wetters, der verschiedenen Jahreszeiten und um das sinnliche Vergnügen an Düften und Farben und ländlicher Atmosphäre.

Inspiriert von Baustil und Pflanzen der Region

Das Wesen des Landhausgartens ist eine ungezwungene Melange verschiedener Pflanzen, wobei Obst, Gemüse und Kräuter nicht mehr zwingend Bestandteil sind. Die Hauptrolle spielen meist Blumen, die in fein aufeinander abgestimmten Farben sortiert in überbordender Opulenz Blüten treiben dürfen.

Die Formgebung vieler ländlicher Gärten orientierte sich jahrhundertelang am Zuschnitt mittelalterlicher Klostergärten. Vier in der Regel von Buchsbaum gesäumte Beete sammeln sich dabei um ein Rondell in der Mitte. In den Beeten wuchs, was der Haushalt benötigte und das Herz begehrte, meist eine bunt zusammengewürfelte Mischung aus Blumen, Obst und Gemüse. Dieser in eine formale Struktur eingebettete, nonchalante Mix, der nach wie vor den Charme vieler alter Bauerngärten ausmacht, ist auch heute noch eine klassische Formel für den zeitgenössischen Landhausgarten.

Frei gestaltete Landhausgärten ohne formalen Rahmen sind in vielen Fällen von altem Baumbestand geprägt, der von Blumenbeeten in lockerer Anordnung unterpflanzt ist. Es sind oftmals sehr romantische Gärten, die sich auf einem großzügig bemessenen Terrain erstrecken und an den in England kreierten Landschaftsgartenstil erinnern. Aber ob formal oder frei gestaltet: All diese Gärten eint die Verbundenheit mit ihrer Umgebung. Schon im 18. Jahrhundert beschwor der einflussreiche englische Dichter Alexander Pope, der auch die Gartenkunst stark inspirierte: »Befragt den genius loci überall.« Ein authentischer Landhausgarten wird geprägt von der ihn umgebenden Landschaft und dem Baustil der Region. Vornehmlich genutzt werden traditionelle Bauerngartenpflanzen und lokal verfügbare und natürliche Materialien. Holz, Naturstein und gebrannte Ziegel sind die Werkstoffe für Zäune, Mauern und Wege.

◄ Eine Landhausgarten-Szene wie aus dem Bilderbuch: Rosen ranken zwanglos an den Bäumen empor, Wogen von violetter Katzenminze fluten über die Beetgrenzen hinweg, und in Form geschnittene Kugelakazien bringen Ruhe in die Szenerie.

Genialer Mix aus Form und Lässigkeit

Mit ihren Vorgängern, den Bauerngärten, haben heutige Landhausgärten nur mehr wenig gemein. Geblieben ist eine gewisse Lässigkeit. Den Bauern vergangener Generationen diente ihr Garten vor allem als Nahrungslieferant. Die Gestaltung war funktional und nicht nach ästhetischen Gesichtspunkten ausgerichtet. Ein heutiger Landhausgarten hat in der Regel eine erkennbare Struktur. Allzu viel Perfektion steht ihm jedoch nach wie vor nicht gut zu Gesicht. Wir wollen uns schließlich im Garten entspannen, und das gelingt

in einem gänzlich durchgestylten Ambiente eher selten.

Seine behagliche und dennoch großzügige Ausstrahlung bezieht der Landhausgarten gleichermaßen aus stilvoller Wohnlichkeit und Anbindung an die Natur. Schon die verfeinerte Variante eines Landhausgartens, wie wir sie etwa aus dem englischen Sissinghurst oder Hidcote kennen, sieht in den von Hecken gebildeten Gartenräumen eine Erweiterung der Wohngebäude. Haus und Garten gehen gleichsam ineinander über, wobei sich die geometrischen,

geschlossenen Gartenräume in der Nähe des Hauses befinden und das Grün sich weiter draußen ungezwungen mit der natürlichen Landschaft verbindet.

Die Verbindung von Haus und Garten übernimmt hierzulande die Terrasse. Sie ist unser sommerliches Wohnzimmer, die gute Stube des Gartens, die wir mit hochwertigen Materialien, einem erstklassigen Bodenbelag sowie erlesenem Mobiliar ausstatten. Der Belag sollte dabei aus regionalen Werkstoffen wie etwa Naturstein oder Klinker bestehen. Tische, Stühle und Bänke sind traditionell aus Holz gefertigt, wobei es hier auch auf den Baustil des Wohnhauses ankommt. Dabei verträgt sich ein Landhausgarten in seiner unbekümmerten Art durchaus mit einer strengen, modernen Architektur. Da dürfen dann die Möbel etwas progressiver sein.

Viele Sitzplätze für ungeahnte Perspektiven

Klassiker sind zudem Möbel aus Eisen, wie sie in Italien und Frankreich üblich sind. Es gibt sie sowohl in aufwendiger, ornamental gestalteter Form als auch in der unprätentiösen Variante eines Klappstuhls, den man ohne Aufwand auch mal an andere Plätze des Gartens tragen kann, um dort das Grün aus einer unbekannten Perspektive zu betrachten. Aus diesem Grunde ist es ohnehin ratsam, außer der Terrasse noch

Die mit erlesenem, aber komfortablem Mobiliar ausgestattete Terrasse verbindet Haus und Garten, der in unmittelbarer Nähe des Gebäudes sehr formal gestaltet ist.

Die zwanglose, aber gut strukturierte Gestaltung dieses Grüns versprüht mit einer vielseitigen Bepflanzung aus Rasen, Gehölzen, Stauden und Buchsbaumkugeln typischen Landhausgarten-Charme. Der rosenumrankte Sitzplatz setzt romantische Akzente.

mehrere feste Sitzplätze einzuplanen. Das kann eine Bank unter einem alten Apfelbaum sein oder eine Terrasse mit Tisch und Stühlen unter einem nostalgischen, rosenumrankten Eisenpavillon oder gar ein kleines Gartenhaus, in dem man sich auch bei Regenwetter aufhalten kann und sich dennoch im Grünen fühlt.

Nach wie vor verbinden wir mit dem Landhausgartenstil eine Bepflanzung mit all den altmodischen Gewächsen, die seit Generationen in unseren Gärten wachsen. Stauden wie Pfingstrose, Rittersporn oder Phlox zählen zu den klassischen Protago-

nisten. Dazu kommen im Frühling zahlreiche Zwiebelblumen, und später im Jahr sorgen einjährige Sommerblumen für überraschende Effekte. Gehölze wie Flieder und Hortensien gehören selbstverständlich in einen ländlichen Garten, und natürlich Obstbäume. Wenn sie keine Früchte mehr tragen, pflanzen wir ihnen eine Rambler-Rose zu Füßen, die mit ihren langen Trieben im Nu die Baumkrone erobert und sie auf ihre Weise zum Blühen bringt. Vor allem Alte Rosen passen mit ihrem betörenden Duft, den gerüschten Blüten und ihrem nostalgischen Charme be-

stens in einen Landhausgarten. Inzwischen gibt es aber auch viele neue, robuste Sorten, die ebenfalls mit romantischem Flair punkten.

Als Begrenzung oder Einfassung sind Hecken aus Buchsbaum und Eibe stets eine erstklassige Wahl. Zu Kugel, Kegel und Spirale geschnitten sind die beiden Immergrünen ruhende Pole im Blütengeflirr. Zwar wird die Kunst des Formschnitts eher mit hochherrschaftlichen Anwesen verknüpft, aber die amüsante Verspieltheit dieses Gestaltungselements passt ebenso wunderbar zur Zwanglosigkeit des Landhausgartenstils.

Viele jungen Familien lieben den Landhausgarten, weil sie mit diesem Stil auf unkomplizierte Weise mehrere Bedürfnisse unter einen Hut bringen können. In die zwanglose Gestaltung lassen sich ohne Weiteres Spielelemente für Kinder wie Schaukel, Sandkasten oder ein kleiner Bolzplatz integrieren. Ist alter Baumbestand vorhanden, muss nicht einmal ein Klettergerüst aufgebaut werden. Darüber hinaus lässt sich Kindern in einem mit Gemüse, Obst und Kräutern ausgestatteten Landhausgarten aufs Beste veranschaulichen, dass der Ursprung unserer Nahrungsmittel keineswegs der Supermarkt ist und dass sie aus eigenem, möglichst nach ökologischen Aspekten erfolgtem Anbau in der Regel auch besser schmecken und gesünder sind.

Dabei ist es nicht nur für Kinder ein Vergnügen, einen Apfel frisch vom Baum oder eine gerade erst aus der Erde gezogene Karotte essen zu können. Ein Flecken eigenes Land, auf dem uns die Früchte gleichsam in den Mund wachsen, kommt dem Traum vom Paradies schon sehr nahe. Und wo finden wir unsere Vorstellungen vom Schlaraffenland konkreter umgesetzt als in einem Beet mit Kohl und Kürbis, Schnittlauch und Basilikum, Erdbeeren und Rhabarber direkt vor der Haustür? Dabei muss die Ästhetik keinesfalls zu kurz kommen. Längst hat man die Schönheit des Nützlichen erkannt und versteckt Wirsing und Mangold nicht mehr schamhaft hinter Dahlien und Rosenbüschen. Nach dem Vorbild des berühmten Potager von Schloss Villandry in Frankreich zollen wir der ornamentalen Pracht der uns nährenden Pflanzen inzwischen wieder Tribut. Nach ausgetüftelten Mustern werden in den neuen Küchengärten Kraut und Rüben zu einem virtuosen Bild komponiert. Und wir lernen, dass Arabesken aus Salat und Zwiebeln unter einem kunstvollen Apfelspalier jeder Staudenrabatte locker Konkurrenz machen.

Ideales Refugium für Kinder

Man sollte allerdings nicht vergessen, dass diese aus der Renaissance stammende Mode unter Umständen dazu führt, dass ein Rotkohl oder

◄ Frisch aus dem Garten direkt in den Mund: Diesen Genuss bietet der Landhausgarten par excellence. Meterhohe Stockrosen sorgen für fröhliche Akzente.

Kaum ein anderes Element adelt einen Landhausgarten so sehr wie ein ehrwürdiger alter Obstbaum mit solch ausladender Krone wie in diesem Fall der 'Altländer Pfannkuchenapfel', eine historische Apfelsorte.

eine Artischocke manchmal nicht geerntet werden, weil andernfalls die Beetornamentik gestört würde. Aber es macht einfach Spaß, Gemüse und Früchte auf diese Weise in Szene zu setzen. Will man größere Erträge erzielen oder einen Naschgarten für Kinder anlegen, sollte man sich für eine freiere Gestaltung entscheiden.

Gerade für Kinder ist der Landhausgarten das ideale Refugium, um die komplexen Zusammenhänge der Natur besser zu verstehen und respektieren zu lernen. Kaum etwas

vermittelt Kindern die Erstaunlichkeit der Natur so anschaulich wie das rapide Werden eines selbst gezogenen, zentnerschweren Kürbisses aus einem gerade mal daumennagelgroßen Saatkorn. Auch mit anderen einfach zu kultivierenden und rasch wachsenden Pflanzen wie Sonnen- und Ringelblumen oder Kapuzinerkresse sind Erfolgserlebnisse bei jungen Grünfingern garantiert. Ein eigenes kleines Beet fördert zudem ihre Kreativität und gärtnerische Instinkte.

Aber im Grunde lassen sich diese botanischen Experimente auch in Töpfen umsetzen, sogar auf einem Balkon mitten in der City. Denn man muss nicht unbedingt aufs Land ziehen, um einen Landhausgarten anzulegen. Natürlich steckt die Sehnsucht nach der vermeintlich heilen Welt in einer von Traditionen geprägten Umgebung hinter all diesem Bestreben. Aber dieser Traum lässt sich mit entsprechenden Pflanzen und Accessoires durchaus auch in der Stadt verwirklichen.

▶ Eleganter Luftikus

Der filigrane Eisenobelisk betont die Vertikale und sorgt für Räumlichkeit im Garten. Rankhilfen sind unerlässlich für eine Gestaltung mit Kletterpflanzen wie der süß duftenden Wicke. Gerüste aus Eisen passen prima in einen eleganten Landhausgarten und machen, wenn sie so kunstvoll gearbeitet sind, auch ohne Pflanzen eine gute Figur.

▲ Rustikaler Ordnungshüter

Ein einfacher Holzzaun hält das Blüten- und Blättergeflirr im Bauerngarten zusammen, ohne die grüne Pracht einzuengen. Die rechtwinklige Anordnung der Einfriedung und die Üppigkeit der Gewächse, die ihre Grenzen zu sprengen scheinen, sind typisch für die Verbindung formaler Struktur und opulenter Bepflanzung im Landhausgarten.

◀ Optimale Aufbauhilfe

Das traditionelle Klettergerüst aus Holz gewährt Erbsen und Bohnen ein Höchstmaß an Sonneneinstrahlung und setzt sie darüber hinaus prächtig in Szene. Den schon leicht verwitterten Holzstangen sieht man die häufige Nutzung an, was dem eigentlich funktionalen Zweck der Kletterhilfe eine nostalgische Note verleiht.

◀ Grüne Grenze

Bordüren aus geflochtener Weide trennen Erdbeeren und Schnittlauch. Die einfachen und doch kunstvoll gearbeiteten Beeteinfassungen erfüllen auf beispielhafte Weise das Credo des Landhausgartenstils von der Schönheit des Nützlichen. Die Einfassungen werden in verschiedenen Längen und Größen angeboten und einfach in die Erde gesteckt.

Wo gibt es sie, die guten Dinge?

❀ Schöne, funktionale Gartengeräte müssen kein Vermögen kosten. Raiffeisenmärkte sind eine erstklassige Bezugsquelle für gutes, langlebiges Werkzeug.

❀ Weitere Fundgruben sind Fachmärkte für Landschaftsgärtner.

❀ Wer alte Baustoffe sucht, wird fündig beim Unternehmerverband Historische Baustoffe, in dem sich Anbieter antiker Baumaterialien zusammengeschlossen haben.

Die Schönheit des Nützlichen

Es ist erstaunlich, wie rasch man mit einigen ausgesuchten Accessoires Landhausgarten-Charme verbreiten kann. Ein rustikales Rankgerüst, an dem Bohnen oder Wicken emporklimmen können, ein Staketenzaun, der das Gemüsebeet umschließt, eine bedacht platzierte antike Sonnenuhr oder eine Garnitur unterschiedlich großer Gießkannen aus Zink, die wie zufällig auf der Terrasse auf ihren Einsatz warten: All das kann zur behaglich unkomplizierten Atmosphäre eines Landhausgartens beitragen.

Wichtig ist, dass all diese Zutaten, mit denen wir dem Garten zu mehr Wohnlichkeit verhelfen, einen gewissen Gebrauchswert haben sollten. Gartenschmuck, der nur um seiner selbst willen zwischen die Beete gestellt wird, passt nicht zu diesem bodenständigen, unprätentiösen Stil. Landhausgärten sind schließlich die Erben der Bauerngärten, und deren Besitzern wäre es nie in den Sinn gekommen, ihr hart verdientes Geld in unnützen Tand zu investieren. Allerdings waren all die zweckmäßigen Gartenhilfen wie Zäune und Rankgerüste, aber auch Geräte wie Spaten oder Baumschere bei den bäuerlichen Ahnen in der Regel von bester Qualität. Man musste sich schließlich auf sie verlassen können, und so wurden sie gut gepflegt und ausgebessert und nicht selten an die nächste Generation weitergegeben.

Glücklich ist, wer heute solche Schätze noch im Besitz hat. Denn das wichtigste Attribut für Accessoires im ländlichen Stil heißt Patina. Gebrauchsgegenstände, die alt und benutzt aussehen, passen bestens zu der zwar sachlichen, aber auch nostalgisch-romantischen Ästhetik des Landhausgartens. Begehrt sind die berühmten englischen Rhabarbertöpfe oder französische Cloches, große Glasglocken, mit denen man im 19. Jahrhundert Setzlinge vor Schnecken- und Kaninchenfraß schützte. Ohnehin sind die Materialien, aus denen Gartengeräte und -schmuck gefertigt sind, von nicht zu unterschätzender Bedeutung.

Die Romantik alter Gerätschaften

Alt vertraute Werkstoffe wie Holz, Eisen, Zink und Ton fügen sich ungleich besser in das ländliche Ambiente als Gegenstände aus Kunststoff. Der Traum vom Landhausgarten wird ja nicht zuletzt gespeist von der Sehnsucht nach den guten alten Dingen, die so hochwertig, so zeitlos schön und nützlich sind, dass wir sie ohne Weiteres an unsere Kinder vererben können.

Auch die Einbeziehung von Tieren in das gärtnerische Leben war auf dem Land stets gang und gäbe. Vogeltränken, Futterhäuschen und Nistkästen sind daher nach wie vor zierende Bestandteile eines Landhausgartens, die darüber hinaus auch einen ökologischen Sinn erfüllen. Auch hier ist einer schlichten Ferti-

Ein zünftiges Ensemble aus verschiedenen alten Zinkeimern und -gießkannen bildet, auf so kunstvoll legere Weise arrangiert, fast schon ein kleines Stillleben.

gungsweise der Vorzug zu geben vor aufwendig gestalteten Vogelschlössern mit Zinnen und Türmchen oder einer Tränke in pompöser Barockoptik. Generell gilt, dass die schmückenden Utensilien in einem Landhausgarten stets nur Beiwerk sein sollen und nie die Hauptrolle spielen dürfen. Denn das tun schließlich die Pflanzen.

Robuste Pflanzen in opulenter Vielfalt

Es gibt Pflanzen, die wir sofort mit einem Landhausgarten verbinden. Ringelblumen und Levkojen, Stockrosen und Akelei, Malven und Päonien gehören dazu. Viele dieser Pflanzen sind uns wohlvertraut, weil sie schon seit Jahrhunderten in unseren Gärten wachsen. Die meisten von ihnen sind robust, treiben jedes Jahr von Neuem Blüten, verwildern oder samen sich bereitwillig von allein aus. Ihre Vorgänger aus den Bauerngärten mussten in der Regel ohne große Pflegemaßnahmen auskommen, und diese Anspruchslosigkeit haben sie sich trotz manch züchterischer Verfeinerung größtenteils bewahrt.

Ein perfekter ländlicher Garten ist ein romantisches Pflanzengewirr aus vielen verschiedenen Blütenfarben und -formen, die so feinsinnig miteinander verwoben sind, dass sie ein stimmiges Ganzes ergeben, und das über einen möglichst langen Zeitraum hinweg. Der Frühling wird ganz selbstverständlich von Zwiebelblumen dominiert. Eine zwanglose Kolonie von Narzissen unter einem alten Apfelbaum und unzählige Tulpen, die in dieser Zeit die noch kahlen Gemüse- oder Kräuterbeete beleben, sorgen für einen heiteren Auftakt der Saison. Ihr welkendes Laub wird später im Jahr von den Blättern früh blühender Stauden wie Pfingstrose, Tränendes Herz und Türkischer Mohn verdeckt. Im Sommer gesellen sich weitere Stauden dazu und leisten den Rosen Gesellschaft. Deren

typischer Begleiter ist der Rittersporn, aber auch mit Lavendel, Katzenminze oder Glockenblumen gehen Rosen aparte Verbindungen ein. Für vertikale Elemente sorgen neben alten Obstbäumen traditionell ländliche Gehölze wie die Bauernhortensie oder Schwarzer Holunder. Geißblatt klettert an Mauern empor, und Clematis rankt in alte Bäume.

Guter Geschmack für den Ziergarten

Im Hochsommer haben die einjährigen Blumen ihren großen Auftritt. Sie füllen die Lücken zwischen den verblühten Stauden, samen sich selbst aus oder werden da ausgesät, wo gerade Platz ist. Dieses Gärtnern nach dem Zufallsprinzip steht dem nonchalanten Stil des Landhausgartens gut zu Gesicht. Kosmeen, Zinnien und Kapuzinerkresse sorgen für farbenfrohe Akzente, wenn im August der Sommer schon ein bisschen müde wird und das Kolorit der so beliebten, pastelligen Staudenblüten schnell verblasst. Der Spätsommer gehört dann den anmutigen Anemonen und natürlich den Dahlien mit ihren vielfachen Formen und Farben.

Seit der ästhetische Wert von Gemüse, Salat oder zu Hochstämmchen gezogenem Beerenobst erkannt wurde, löst sich die Grenze zwischen Nutz- und Ziergarten auf. Wer in seinem Landhausgarten keinen Platz für ein separates Kräuterbeet hat, pflanzt

daher Salbei, Thymian und Oregano einfach in die Blumenbeete. Viele Kräuter entwickeln zarte Blüten in subtilen Farben und dazu interessantes Blattwerk. Die feinen Nadeln eines Rosmarinbusches oder die Laubwolken des Gewürz-Fenchels bereichern jede Rabatte. Für Gemüse eignet sich diese Vorgehensweise nur bedingt, da viele Arten nach den Regeln der Fruchtfolge angebaut werden müssen und sie damit die Komposition eines fein nach Farben und Formen konzipierten Beetes sprengen würden. Rotstieliger Mangold, federblütiger Amaranth oder die bizarre Gestalt der Artischocke machen gleichwohl in der gemischten Rabatte eine gute Figur und kommen auch dort zurecht.

Wer seinen Landhausgarten auch spät im Jahr noch genießen will, sollte nicht ausschließlich an Farbschemata und Blütenschmuck denken, sondern den gesamten Habitus einer Pflanze berücksichtigen. Dazu gehören in erster Linie die Blätter, und daher sollten immergrüne Gehölze wie Eibe und Buchsbaum stets einen Platz im Garten finden. Zu Hecken oder geometrischen Figuren geschnitten, sorgen sie auch im Winter für Form und Struktur. Ebenso wie übrigens viele Samen- und Blütenstände, die nicht allein vielen Tieren Nahrung und Zuflucht bieten, sondern den Garten mit Raureifkristallen überzuckert in ein Märchenland verwandeln.

◄ Stattlicher Rittersporn

(Delphinium-Hybriden)
Blütezeit: Juni und Juli.
Beschreibung: Staude, die in den atemberaubendsten Blautönen blüht; idealer Rosenbegleiter.
Pflege: Rittersporn liebt nährstoffreiche Böden und Sonne; in nicht geschützten Lagen anbinden. Nach Rückschnitt nach der Blüte blüht er oft ein zweites Mal.

▼ Feurige Dahlie

(Dahlia-Hybriden)
Blütezeit: Juli bis Oktober.
Beschreibung: Knollenpflanze in vielfältigen, oft kräftigen Farben und Formen; schön mit Gräsern.
Pflege: Knollen Anfang Mai in nährstoffreichen, durchlässigen Boden pflanzen; sonnige Lage; Verblühtes abknipsen. Im Herbst Knollen ausgraben und kühl und trocken lagern.

▲ Graziöse Malve

(Lavatera-Arten)
Blütezeit: Juni bis Oktober.
Beschreibung: Es gibt verschiedene ausdauernde, meist rosa getönte Arten, die bis zu 2 m hoch werden können.
Pflege: Malven mögen lockeren Boden und Sonne; im Frühjahr gut düngen und über den Winter mit Laub und Reisig schützen.

▶ Charmante Ringelblume

(Calendula officinalis)
Blütezeit: Juni bis September.
Beschreibung: Die alte Heilpflanze mit ihren orangefarbenen Blüten ist einjährig und samt sich oft selbst aus.
Pflege: Ringelblumen benötigen einen sonnigen, warmen Standort und nährstoffreichen Boden. Verblühtes regelmäßig abschneiden.

Ein Garten mit Vergangenheit

Schon die Namen von Erika Jahnkes Lieblingsblumen klingen wie reine Poesie: Schleierkraut und Mandelröschen, Jungfer im Grünen, Seidenmohn und Schmuckkörbchen. »Ich mag altmodische Pflanzen«, sagt Erika Jahnke. Es sind Pflanzen, die sie ihr Leben lang begleitet haben, die sie schon als Kind in den Beeten ihrer Mutter und Großmutter sah und die uns heute wie Geschöpfe einer längst vergangenen Zeit erscheinen. In Erika Jahnkes Garten jedoch wirken sie überaus stimmig und nicht im Geringsten entrückt oder anachronistisch. Auf dem weitläufigen Terrain des elterlichen Bauernhofs im ost- holsteinischen Röbel hat die Mutter von fünf Kindern innerhalb von zwanzig Jahren eine Anlage geschaffen, die absolut in Einklang

steht mit den alten Hofgebäuden, der Landschaft ringsum und mit ihrer Schöpferin.

Als sie Mitte der 1980er-Jahre mit ihrer Familie den Hof ihrer Großeltern übernahm, waren die Strukturen des alten Bauerngartens so gut wie verschwunden. »Aber so einen Garten wollte ich wiederhaben«, sagt Erika Jahnke. Behutsam ging sie daran, den Garten ihrer Kindheit wieder auferstehen zu lassen, ohne ihn freilich zu kopieren. »Wir haben immer selbst gezogenes Obst und Gemüse auf dem Tisch, aber wir haben keinen reinen Nutzgarten und betreiben nicht mehr diese mühevolle Vorratswirtschaft, wie das früher war.«

Frische Ideen für das grüne Erbe

Stattdessen verlor sie ihr Herz an ein- und zweijährige Blumen, die sie in eigens den Annuellen vorbehaltene Beete sät, die sich aber auch in der Staudenrabatte und zwischen Zwiebeln und Salat in ihrem ornamentalen Küchengarten ausbreiten dürfen. Erika Jahnke hat inzwischen ein beträchtliches Wissen über die flüchtigen Saisonarbeiter im Garten zusammengetragen. Das Saatgut erntet sie größtenteils von den eigenen Pflanzen, kauft aber auch manche neue oder seltene Sorte hinzu, etwa den schwarz gepunkteten Marienkä-

◄ Ganz traditionell sind die Gemüsebeete in rechteckige Segmente unterteilt. Aber ein- und zweijährige Blumen wie Fingerhut und Mohn lockern die formale Strenge auf.

Eine Vielfalt an Farben und Formen prägt das Frühlingsbeet, in dem sich unter anderem Vergissmeinnicht und Steinbrech durch knospige Akelei weben.

fer-Mohn, *Papaver commutatum*, von dem sie Samentütchen eigens aus Schottland bezog.

Mit den opulent bepflanzten buchsbaumgesäumten Beeten, mit Teich und Obstwiese ist Erika Jahnkes Grün das Musterbeispiel eines Landhausgartens, der dennoch die ganz persönliche Handschrift der Besitzerin trägt. Für die viel beschäftigte Lehrerin bedeutet der Garten Erholung vom kräftezehrenden Beruf, vor allem aber ein Stück Wertschätzung, ein Erbe, das sie angetreten und weiterentwickelt hat und das sie an ihre inzwischen erwachsenen, aber ebenso gartenbegeisterten Kinder weitergibt.

Grüne Fakten

Größe: 5 000 qm.

Zeit zum Einwachsen: Die neu gestalteten Bereiche mit buchsbaumgesäumten Beeten und Staudenrabatten benötigten vier Jahre, bis sie gut aussahen.

Pflegebedarf: Im Sommer verbringt Erika Jahnke in der Woche bis zu 30 Stunden in ihrem Garten. Sie inspiziert ihre Beete jeden Morgen, bevor sie zur Schule fährt. Wichtig ist ihr, »den Garten stets im Blick zu haben und zu wissen, wann er meine Hilfe braucht«.

Gelbgrüne Frauenmantelwogen säumen den Rasenpfad, der zum Gartenteich und dem weißen Teehaus führt.
Im Hochsommer prägen vor allem die imposanten blauen Blütenkerzen des Rittersporns die Rabatten.

Ein Refugium für Mensch und Tier

Wer Monika Dröge-Jungs Garten besucht, ist erst einmal fasziniert von der Blütenfülle, die das bei näherem Hinsehen doch recht überschaubare Grundstück birgt. Ein farblich wohl abgestimmter Mix aus Stauden und Rosen in Weiß, Silbergrau und Rosa webt sich durch die Beete an der Ostseite des Hauses. Vis-à-vis dem ele-

ganten Teepavillon erheben sich blaue Ritterspornkerzen über die grüngelben Wolken des Frauenmantels. Am Teich säumt Geißbart die Uferzone, während in trockeneren Lagen grauer Wollziest und blaue Veronikablüten eine kontrastierende Verbindung eingehen. Dieser Garten ist durch und durch romantisch.

Monika Dröge-Jung freut sich über dieses Kompliment. Selbstverständlich wollte sie einen schönen Garten haben, als sie vor vor elf Jahren mit Ehemann und Sohn daranging, ihr Grün auf einer ehemaligen Obstwiese in der ländlichen Umgebung des westfälischen Soest anzulegen. »Aber ich wollte nie einen Garten nur für mich und meine Familie«, erklärt die Innenarchitektin. »Uns ging es darum, eine Anlage zu schaffen, die auch den Tieren der Umgebung von Nutzen sein würde. Vom Gärtnern an sich hatte ich ja keine Ahnung.«

»Die Natur hat immer das letzte Wort«

Das änderte sich durch den Austausch mit gartenerfahrenen Landfrauen, ausgiebigen Bildungsreisen ins holländische Gartenparadies und einschlägiger Lektüre. Um das von ihrem Mann, einem Architekten, entworfene und gebaute Holzhaus pflanzte Monika Dröge-Jung zunächst ein Gerüst aus übersichtlichen Liguster- und Eibenhecken, die kleine Bereiche mit verschiedenen Pflanzthemen umfrieden. Hier wachsen unter anderem über hundert Storchschnabelvarietäten und eine ebenfalls erstaunlich reichhaltige Funkiensammlung. Viele Nischen und Ecken für Sitzplätze sind über das gesamte Terrain verteilt, wobei Monika Dröge-Jung das lokale Umfeld stets im Blick behielt. Sie pflasterte Wege aus Grauwacke und baute Trockenmauern aus dem ortstypischen Anröcher Grünsandstein. Hecken aus heimischen Gehölze wie Wildrose, Pfaffenhütchen, Felsenbirne und Feuerdorn begrenzen das Grundstück und geben der vielfältigen Fauna Schutz und Nahrung. Hausrotschwanz, Zilpzalp und Heckenbraunelle sind nur einige der geflügelten Mitbewohner. Im Teich haben sich Molche und Frösche angesiedelt. Eidechsen sonnen sich auf den Steinen, Igel und Kröten werden ebenfalls regelmäßig gesichtet.

»Natürlich legen wir auch keine übertriebene Ordnungsliebe an den Tag«, sagt Monika Dröge-Jung. Im Herbst bleibt das Laub liegen, Samenstände werden erst im Frühjahr entfernt. »Die Tiere freuen sich.« Nachteil bei all der Liebe zur tierischen Umwelt ist eine wachsende Population von Wühlmäusen. Monika Dröge-Jung nimmt's gelassen: »Die Natur hat eben immer das letzte Wort.«

Grüne Fakten

Größe: 800 qm.

Zeit zum Einwachsen: In den ersten Jahren wurden die Themen des Gartens entwickelt, unter anderem Ton-in-Ton-Beete, Bauerngarten, Teichterrasse und Schattengarten. Nach drei Jahren war alles gut eingewachsen.

Pflegebedarf: Im Schnitt verbringt Monika Dröge-Jung wöchentlich zehn Stunden in ihrem Garten. Sie sieht die Gartenarbeit entspannt. Zur verwunschenen Aura der Anlage und zur Naturliebe der Besitzer würde Perfektion ohnehin nicht recht passen.

▶ Die kleine Schattenterrasse mit Biergartenstühlen und rustikalem Tisch benötigt keine aufwendigen Accessoires, um behaglich zu wirken.

Ein Garten wächst ins weite Land

Auch Fenna Graf hält nichts von Plänen. Ausgetüftelte Pflanzkonzepte sind ihre Sache nicht. Und eigentlich hatte sie auch nie einen Gedanken ans Gärtnern verschwendet, als sie vor 19 Jahren mit ihrer Familie auf ein altes Gut aus dem 16. Jahrhundert im holsteinischen Sprangsrade zog. Aber dann schaute sie aus dem Fenster ihres frisch renovierten Reetdachhauses, und da lag dieses weite Land vor ihr, sehr grün und sehr leer. »Der Begriff Horror vacui trifft die Sache schon ganz gut«, erinnert sich Fenna Graf.

Schnell war ihr klar: So konnte es nicht bleiben. Die Anfänge waren jedoch noch bescheiden. Mit ein paar Blumentöpfen, die sie rund ums Haus arrangierte, begann das grüne Experiment. Langsam nahmen die Ideen für ein Blumenbeet Gestalt an und wurden umgesetzt. Fenna Graf besuchte andere Gärten und bekam allmählich ein Gefühl für das, was sie wollte. »Ein Garten muss ja zum Haus passen«, sagt die gebürtige Holländerin. »Und bei so einem rustikalen Gebäude darf es eben weder zu puristisch noch zu opulent sein, und irgendwann packt einen dann auch der Ehrgeiz. Ich wollte etwas Schönes, Stilvolles gestalten.«

◀ Sauber gepflasterte Wege und Plätze aus Klinkersteinen und die fein abgestimmten Ton-in-Ton-Pflanzungen zeugen von der holländischen Herkunft der Gärtnerin.

Großzügig und ungezwungen

Ähnlich wie Monika Dröge-Jung arbeitete sich Fenna Graf Beet für Beet in die weite Landschaft vor, »so wie man eben sein Haus Raum für Raum einrichtet«. Nach und nach entstanden farblich abgestimmte Staudenbeete, ein formaler Kräutergarten, ein Glyzinengang, mehrere Teiche und unzählige Sitzplätze. Über hundert Rosen in Tönen von leuchtendem Weiß über pudriges Apricot bis hin zu samtigem Purpur sind über das ganze Terrain verteilt, klettern über Bögen, hangeln sich an filigranen Eisenobelisken empor oder erklimmen alte Obstbäume. Als Unterpflanzung dienen Wogen violetter Katzenminze, rosafarbener Storchschnabel und Frauenmantel in seinem charakteristischen, blassen Gelbgrün. »Ansonsten habe ich nichts Gelbes hier«, so Fenna Graf. »Ich mag eher sanfte Pastelltöne, die sich gut kombinieren lassen. Ein buntes Feuerwerk im Beet würde die Harmonie stören.«

Mit traumwandlerischer Sicherheit hat sie ihrem Anwesen einen angemessenen Rahmen zu Füßen gepflanzt. Eine überbordende Blütenfülle prägt diesen Landhausgarten, aber nichts wirkt aufdringlich, nirgends gibt es ein Zuviel. Die großzügige Ungezwungenheit der Bepflanzung, die zurückhaltenden Farben bewirken ein beruhigendes Gleichmaß. Einen Garten zum Wohlfühlen habe sie schaffen wollen, sagt Fenna Graf. »Man könnte schon sagen, dass mein Garten ein Stück

Schier überbordende Fülle prägt den Garten von Fenna Graf. Rosen klettern bis zum Hausdach und wo immer sich noch Platz findet, zieren Körbe und Töpfe mit jahreszeitlich passenden Pflanzen, hier Hortensien, die Szenerie.

Selbstverwirklichung ist.« Die Autodidaktin sieht ihr Dasein in verschiedene Lebensphasen unterteilt. »Und mit dem Gärtnern habe ich eben erst spät angefangen, aber inzwischen empfinde ich eine tiefe Verbundenheit mit meinem Garten, er trägt ganz und gar meine Handschrift.« Was nicht heißt, dass er immer so bleibt, wie er ist. »Es gibt ja immer neue Pflanzensorten, neue Moden und neue Ideen«, sagt Fenna Graf. »Und nichts ist schließlich perfekt. Ich versuche natürlich stets, meinen Garten zu optimieren.«

Grüne Fakten

Größe: 10 000 qm

Zeit zum Einwachsen: Da viele Bäume und Sträucher gepflanzt werden mussten, war die jetzige Gestalt des Gartens erst nach zehn Jahren erkennbar. Nach 15 Jahren sah er dann richtig gut aus.

Pflegebedarf: Fenna Graf ist eine penible Gärtnerin. Während der Saison verbringt sie daher schon mal bis zu acht Stunden täglich in ihrem Grün.

EXTRA: Die Tradition englischer Landhausgärten

Zum großen Vorbild für alle Landhausgarten-Träume avancierte während der vergangenen Jahrzehnte der Garten von Sissinghurst Castle in der englischen Grafschaft Kent. Das in verschiedene Gartenräume unterteilte Grün der Schriftstellerin Vita Sackville-West und ihres Ehemannes Harold Nicolson hat Maßstäbe gesetzt für das, was auch hierzulande inzwischen als perfekter ländlicher Garten angesehen wird. In Sissinghurst wurde meisterhaft umgesetzt,

was sich wie ein roter Faden durch die zeitgenössische Landhausgarten-Kultur auch außerhalb Englands zieht: Man gebe dem Garten einen formal strengen Rahmen und bepflanze ihn in verschwenderischer Fülle.

Aber auch wenn der Garten von Sissinghurst in seiner Bedeutung als nationale Ikone der grünen Kunst sicherlich einzigartig ist, steht er doch in einer langen Tradition britischer Gartenkultur von der Renaissance bis ins 20. Jahrhundert. Und obgleich

Vita Sackville-West und Harold Nicolson in Sissinghurst ihre sehr persönlichen Vorstellungen der Pflanzenverwendung umsetzten, sind hier die Einflüsse weiterer namhafter britischer Gartengestalter unverkennbar.

Als Vita und Harold 1931 daran gingen, das weitläufige Terrain rund um ihr neu erworbenes Anwesen zu kreieren, war Gertrude Jekyll bereits über ein Jahr tot. Sie war eine Schülerin und Freundin von William Robinson, dem streitbaren Verfechter

▲ Edwin Lutyens war Designer und Namensgeber der berühmten Lutyens-Bank, die im Rosengarten von Sissinghurst prominent platziert wurde.

◄ Ein englischer Landhausgarten wie aus dem Bilderbuch: Er bezaubert durch vielfältige, ungezwungene Bepflanzung und regionale Materialien.

einer natürlichen, auf dem Einsatz von alten Bauerngartenblumen und Wildstauden basierenden Gartengestaltung. Als ausgebildete Künstlerin mit einem feinen Gespür für Formen und Farben pflanzte sie in den 80er-Jahren des 19. Jahrhunderts ihre ersten Gärten, die seitdem gleichsam zum Synonym für die farblich meisterhaft durchkomponierten Staudenrabatten im englischen Stil wurden.

Perfekte Synthese von Architektur und Natur

Mit den Augen einer Malerin schuf Jekyll darüber hinaus erstmals monochrome Beete in Rosa und Purpur, in verschiedenen Gelbnuancen und eben auch in Weiß, was Vita Sackville-West zu ihrem legendären Weißen Garten inspirierte. Perfektioniert wurde Jekylls Stil aber erst durch die Zusammenarbeit mit dem 25 Jahre jüngeren Architekten Edwin Lutyens, der ebenso wie die stark von der Arts-and-Crafts-Bewegung geprägte Gärtnerin eine Vorliebe für ländliche Materialien und regionale Handwerkstradition hegte. Erst Lutyens gab Jekylls schwelgerischen Pflanzungen mit geometrischen Strukturen, mit Achsen, Parterres, Mauern, Wasserbecken, Terrassen und Pergolen den mustergültigen Rahmen.

Diese an die Renaissance erinnernde Raumbehandlung fand ihre Vollendung in Hidcote im englischen Gloucestershire, dem Vorbild von Sissinghurst. Im Jahre 1907 legte der gebürtige Amerikaner Lawrence Johnson dort seinen Garten mit von ho-

Grüne Ikone und Vorbild für viele Landhausgärten ist die Anlage von Sissinghurst. Aus der Vogelperspektive ist die räumliche Aufteilung gut zu erkennen.

hen Hecken unterteilten Räumen an. Die einzelnen Abteile bepflanzte er verschwenderisch und zwanglos mit den typischen Gewächsen seiner ländlichen Umgebung, mit Sträuchern, Rosen, winterharten Stauden und Zwiebelblumen. Kritiker bezeichneten Hidcote gelegentlich als eine Ansammlung von Bauerngärten. Heute gilt die Anlage als Markstein der Gartenkunst des 20. Jahrhunderts, in dem erstmals die perfekte Synthese von Architektonischem und Natürlichem gelang.

TIPP   **Schöne Landhausgärten in England**

❀ **Sissinghurst Castle Garden,** bei Cranbrook, Grafschaft Kent: die Nummer eins englischer Gärten.
❀ **Hidcote Manor Garden,** bei Chopping Camden, Grafschaft Gloucestershire: einer der einflussreichsten englischen Gärten des 20. Jahrhunderts.
❀ **Hestercombe House,** bei Taunton, Grafschaft Somerset: bestes Beispiel der Zusammenarbeit Jekyll-Lutyens.
❀ **Barnsley House,** bei Cirencester, Grafschaft Gloucestershire: Rosemary Vereys Garten ist einer der schönsten jüngerer Zeit.

Formale Gärten – Kunst trifft auf Natur

Das grüne Ideal geordneter Perfektion

Formale Gärten entstanden in Europa erstmals während der italienischen Renaissance im frühen 16. Jahrhundert, waren im Versailles Ludwigs XIV. zur Zeit des Barock auf dem absoluten Höhepunkt der Gartenmode und verschwanden als prägender Stil im Zuge der englischen Landschaftsgartenbewegung im 18. Jahrhundert scheinbar vollends von der grünen Bühne. Unter den klassischen Gartenentwürfen der Vergangenheit gibt es bis heute keinen anderen Stil, der derart polarisiert. Für die einen ist das Prinzip der Geometrisierung des Raumes ein Ausdruck von Vernunft und Klarheit und ein Gartenkonzept, in dem Natur und Kunst auf das Beste zusammenwirken. Für die anderen ist der formale Garten mit seinen exakt beschnittenen Hecken und Formgehölzen schlicht eine Art Vergewaltigung der Natur. Noch Ende des 19. Jahrhunderts verstieg sich William Robinson, einer der großen englischen Gartenvisionäre und Vertreter einer naturnahen Bepflanzung, zu der Aussage »Eiben zu beschneiden führt zu Aussatz, Krankheit und Tod«. Er führte einen jahrelangen intellektuellen Kleinkrieg mit Reginald Bloomfield, der für eine formstrenge architektonische Gartengestaltung eintrat. Auch wenn wir aus heutiger Sicht sagen mögen, dass Robinson mit seinem Eintreten für einen naturnahen Stil moderner und vernünftiger erscheint, greifen selbst Landschaftsarchitekten, die jeden Formalismus ablehnen, auf die zeitlose Formensprache der Renaissance zurück. Sichtachsen und rechte Winkel leben – auch wenn sie durch eine asymmetrische Anordnung, durch Diagonalen und eine kurvige Wegführung kaschiert werden.

Lässiger Umgang mit Rechteck und Kreis

Das alte Renaissancemodell vom Wegekreuz mit Rondell in der Mitte existiert nach wie vor als Buchsbaumkarree, sowohl im rustikalen Bauerngarten als auch im eleganten städtischen Grün. Formgehölze zu Kugeln, Kegeln, Würfeln oder Zylindern geschnitten, sind kostbare Preziosen für Terrasse und Beet. Und selbst die so bewunderten Gartenräume sind mit ihren rechteckigen Abteilen eine Reminiszenz an die formale Gestaltungsidee.

Wir bedienen uns dieser Idee, ohne sie sklavisch zu kopieren. Denn natürlich haben moderne Hausgärten im formalen Stil nichts mehr gemein mit den monumentalen Parterres, die André le Nôtre, der Hofgärtner Ludwigs XIV., einst für den Sonnenkönig in Versailles anlegte. In den neuen formalen Gärten geht es wesentlich ungezwungener zu. Nach wie vor gibt es Anlagen mit geradlinig gestalteten Abteilungen, mit Sichtachsen, exakt beschnittenen Hecken und schnurgeraden Wegen. Im Gegensatz zum barocken Vorbild dient die Geometrie hier allerdings nicht als Herrschaftsinstrument über die Natur, sondern als eine Möglichkeit, das vorhandene Terrain zu gliedern und dem Garten eine Struktur zu geben, die ganzjährig gut aussieht. Meist wächst in den verschiedenen Räumen eine fröhliche Melange aus robusten und standortgerechten Gehölzen, Stauden, Einjährigen und Zwiebelblumen, wie sie vermutlich auch William Robinson gefallen hätte.

Viele Gärten folgen aber auch nicht durchgängig einem architektonischen Muster, sondern beschränken sich auf wenige formale Elemente, etwa ein linear angeordnetes, buchsbaumgesäumtes Kräutergärtchen oder auch nur einige Eibenkugeln als Ruhe stiftende Pole in der wild bewegten Staudenrabatte.

◀ Mit dem Lineal in die Natur? Warum nicht! Der Stil passt zur klaren Architektur des Hauses, und die opulente Bepflanzung innerhalb der rechtwinkligen Heckenräume muss schließlich gebändigt werden. Kugel-Robinien betonen die Vertikale.

Formal muss nicht geometrisch sein

Formale Gärten haben den Vorteil, dass sie sich jedweder Architektur mühelos anpassen. Das liegt auch daran, dass formale Gärten sehr unterschiedlich gestaltet sein können. Einem alten Gehöft auf dem Lande steht ein in buchsbaumgesäumte Rechtecke unterteilter Gemüsegarten ebenso gut zu Gesicht wie einem zeitgenössischen Haus ein Parterre aus flächig gepflanzten Formgehölzen. Charakteristisch ist eine klare Raumaufteilung, die in der Regel von leicht in Form zu schneidenden, immergrünen Gehölzen wie Buchsbaum und Eibe geschaffen wird. Sie fügen sich zu Heckenkabinetten, die das zur Verfügung stehende Terrain strukturieren. Das kann je nach Größe des Gartens und Gusto des Gärtners sowohl durch mannshohe Eibenwände geschehen als auch durch niedrigere Einfassungen aus Buchsbaum oder Liguster, die zwar überschaubar sind, aber dennoch verschiedene Gartenbereiche voneinander abgrenzen.

Unter einem formalen Garten verstehen wir in der Regel eine Anlage, die durch streng lineare Strukturen gegliedert ist. Mauern und Hecken sind dabei das wichtigste Mittel der Formgebung. Sie dienen sowohl der Einfriedung als auch der Raumbildung. Innerhalb dieses architektonischen Rasters lassen sich dann verschiedene Themengärten anlegen. Insofern ist eine formale Gestaltung das Patentrezept für Leute, die Pflanzen sammeln oder gern experimentieren.

Hier entsteht der formale Charakter des Gartens durch die Symmetrie der exakt in Form geschnittenen Knotenbeete und die lange Sichtachse. Die informelle Staudenpflanzung im Hintergrund bildet dazu einen spannenden Kontrast.

Dem ruhigen Gleichmaß eines rechteckigen, von dunkelgrünen Eibenwänden umgrenzten Raumes kann auch der wildeste Blütenmix nichts anhaben. Wie überhaupt ein erstklassig konzipiertes architektonisches Grundgerüst einen Garten jederzeit gut aussehen lässt, selbst wenn die Gesamtanlage mal nicht perfekt in Schuss gehalten werden kann.

punkte und Sichtachsen gehören dazu. Dabei ist Geradlinigkeit nicht zwangsläufig ein Stilmerkmal. Auch runde, kurvige Komponenten können ein architektonisches Grundgerüst für den Garten bilden. Bestes Beispiel dafür sind die Arabesken französischer Parterres und die verschlungenen Formen englischer Knotengär-

ten. Hier ist Symmetrie das Kriterium für den Typus. Symmetrisch einander zugeordnete Figuren aus immergrünen Gehölzen geben einem Garten ein formales Gepräge, selbst wenn sich um sie herum ein ungezwungenes Blütenarrangement webt.

In Entwürfen einiger zeitgenössischer Gartengestalter hat sich das geometrische Raumgefüge, das jahrhundertelang den formalen Garten prägte, ohnehin längst aufgelöst. Der holländische Landschaftsarchitekt Piet Oudolf schuf in seinem privaten Grün in Hummelo eine Anlage mit einander versetzt zugeordneten wellenförmigen Eibenhecken. Und der belgische Designer Jacques Wirtz schnitt in seinem Garten im belgischen Schoten zwei parallel verlaufende Buchsbaumhecken zu wolkigen, organisch anmutenden Gebilden. Beiden Anlagen liegt nichtsdestoweniger eine formale Gestaltungsidee zugrunde.

Kurvige Formen statt lineare Strukturen

Außer Hecken unterstützen aber auch andere Elemente den formalen Charakter eines Gartens. Ein langes, rechteckiges Wasserbecken, eine schnurgerade Wegführung, Blick-

◄ Diese zeitgemäße Interpretation eines Barockparterres aus Buchsbaum ist zu jeder Jahreszeit eine Augenweide und benötigt eher Geduld und Fingerspitzengefühl als hohen Pflegeaufwand.

Die besten Pflanzen für den Formschnitt

❀ Buchsbaum *(Buxus)* ist als immergrüner, winterharter Strauch mit kleinen Blättern und dichter Verzweigung ideal für Formschnitt, niedrige Hecken und Einfassungen.

❀ Stechpalme *(Ilex)* lässt sich als unempfindliches, immergrünes Formgehölz zu geometrischen Figuren oder als Hochstämmchen trimmen.

❀ Lorbeer *(Laurus nobilis)* ist ein Gewürzkraut und kann gut zum Hochstamm geschnitten werden; in kalten Zonen im Haus überwintern.

❀ Liguster *(Ligustrum vulgare)* weist einen ähnlichen Habitus wie Buchsbaum auf und wird auch so verwendet. In kalten Wintern wirft er das Laub ab, treibt aber im Frühjahr wieder aus.

❀ Eibe *(Taxus)* ist mit immergrünen Nadeln das beste Formgehölz für grüne Architektur. Es ist robust und winterhart.

Die formale Gestaltung dieser kleinen Anlage wird durch den alten Baumbestand ringsum, die opulenten Blattschmuckgewächse sowie die unterschiedlich großen, wie zufällig dahin gerollt aussehenden Kugeln aus Buchsbaum und Eibe kaschiert.

Seit einigen Jahren ist eine deutliche Beliebtheit grüner Gärten oder auch Anlagen auszumachen, die Blüten in nur einer einzigen Farbe enthalten. Interessant ist, dass diese Monochromie selten langweilig oder gleichförmig wirkt. Vielmehr ist die Beschränkung auf eine oder wenige Farben im Garten von subtiler Eleganz gekennzeichnet. Formale Strukturen oder auch nur einige formale Elemente unterstreichen dabei die zurückhaltende Farbgebung und lenken den Blick auf den Habitus, auf Laubkonturen und -texturen der Pflanzen. Was wäre der legendäre

Weiße Garten von Sissinghurst ohne seine in strenger rechtwinkliger Manier unterteilten buchsbaumgesäumten Einzelbeete? Sie geben der weißen Pracht einen formvollendeten Rahmen, der die Schönheit der Blüten und den ungeheuren Reichtum der verschiedenen Blattkonturen und -nuancen erst offenbart.

Formale Kulisse für opulentes Grün

Dieser Trick funktioniert auch in kleinen Gärten. Ein rechtwinkliger Umriss aus dunkelgrünen Eibenhe-

cken ist nicht nur eine perfekte Kulisse für eine bunte oder eben monochrome Blütenpracht, sondern auch für das vielgestaltige und oftmals panaschierte Laub vieler Blattschmuckgewächse. Vor dem gleichmäßigen Hintergrund treten die Silhouetten der Pflanzen plastischer hervor, die Szenerie ist trotz der Reduktion auf wenige Pflanzenvarietäten spannend. Verstärkt wird dieses reizvolle Wechselspiel von Ruhe und Kontrast durch eine formale Gestaltung auch innerhalb des Gartenraums. Ein rechteckiges Wasserbecken, in dem sich der Himmel spiegelt, vergrößert kleine

Anlagen optisch. Eine üppige Bepflanzung darf die architektonische Strenge ruhig sprengen. Das ist sogar ausdrücklich gewünscht, denn das ungezwungene Wachsen und Blühen über alle Grenzen hinweg gibt dem Garten eine natürliche Note. Vereinfacht ausgedrückt muss man sich die verschiedenen Gewächse in einem Garten als Bild vorstellen. Erst durch einen ausgesuchten Rahmen kommt sowohl ein erlesenes Gemälde als auch eine exquisit komponierte Pflanzung richtig zur Geltung.

Der ordnende Faktor

Auch wer eine architektonische Gestaltung für sein Grün in Bausch und Bogen ablehnt, sollte über einige formale Elemente in den Beeten nachdenken. Schon einige wenige Kugeln oder Kegel aus Eibe oder Buchsbaum in der Rabatte bringen Ruhe in die Pflanzung und lenken den Blick auf besondere Gewächse. Vor allem jedoch sehen formale Elemente aus immergrünen Gehölzen auch dann noch gut aus, wenn die Blütenpracht vieler Stauden und Sommerblumen längst vergangen ist. Formschnittelemente beleben den Garten selbst im Winter und sind nachgerade unersetzbar, wenn man sich nicht ständig um seinen Garten kümmern kann.

Ebenso wie bei einer immergrünen Einfassung aus gleichmäßig geschnittenen, niedrigen Hecken lässt sich auch mit einigen exakt getrimmten Figuren aus Buchsbaum, Eibe oder Liguster ein gewisses Maß

an Unordnung leichter übersehen. Dabei spielt es keine Rolle, ob sie symmetrisch oder in ungleichmäßigen Abständen auf dem Terrain verteilt werden. Der ordnende Faktor geformter Gehölze kommt in jeder Weise zum Tragen. Dabei sind die grünen Ordnungshüter noch ausgesprochen pflegeleicht, denn man muss sie höchstens zweimal im Jahr schneiden.

Mutige Schnittmeister wagen sich vielleicht sogar an die Kunst des Topiary, bei dem Eibe oder Buchsbaum zu Vögeln, Teddybären oder anderen figurativen Motiven getrimmt werden. Diese Technik wurde schon in der Antike praktiziert und seither immer mal wieder neu entdeckt, um

dann ebenso regelmäßig als besonders krasse Form einer »vergewaltigten Natur« verteufelt zu werden. Man sollte das nicht so eng sehen. Topiary ist eine verspielte Gartenkunst, die in dezenter Größe und gezielt eingesetzt selbst einer naturhaften Pflanzung oder einer Wildstaudenrabatte eine malerische Anmutung sowie Originalität und Witz verleihen kann. Die Bedenken der Kritiker zum Thema Formschnitt sind sowieso oft halbherzig. Schon der englische Architekt Edward Prior schrieb 1901 in der Zeitschrift »The Studio«: »Wenn man einen Apfelbaum wegen des größeren Ertrags beschneidet, warum sollte man eine Eibe nicht aus Gründen der Formgebung beschneiden?«

Auch in blütenarmen Pflanzungen ist Buchsbaum der perfekte Ordnungshüter, gerade wenn Farben und Formen des Blattwerks so vielfältig sind wie in diesem Beet.

Formschnitt verbinden wir automatisch mit italienischen Renaissance- und französischen Barockgärten. Seine Wurzeln jedoch liegen viel weiter zurück. Die erste Erwähnung der »Ars topiaria« findet sich in den Schriften des römischen Politikers und Autors Plinius des Jüngeren (62–110 n. Chr.). Bildreich und wortgewaltig schilderte er in Briefen seinen toskanischen Garten mit unzähligen kunstvoll formierten Gehölzen. Mit der Ausbreitung des Römischen Reiches wurde diese Kunst in weite Teile Europas getragen. Und auch wer heute seinem Garten eine mediterrane Note verleihen will, wird intuitiv einige in Form geschnittene Pflanzen darin unterbringen. Ein Lorbeer zum Hochstämmchen in einem edlen Terrakotta-Topf gezogen ist schon allein ein Botschafter kultivierter südlicher Lebensart und adelt jede Terrasse. Auch Rosmarin und Myrte, zwei weitere Vertreter aus dem Mittelmeerraum, lassen sich gut als Hochstämmchen ziehen. Weil alle drei Gewächse hierzulande nicht ganz winterfest sind, kultivieren wir sie in Gefäßen und lassen sie an einem frostfreien Platz im Haus überwintern.

Will man eine dauerhafte Bepflanzung mit mediterranem Flair im Garten, kommt man um den Buchsbaum nicht herum. Er ist absolut winterhart, lässt sich in jedwede Form schneiden und strahlt mit seinem hellen, immergrünen Laub eine heitere Leichtigkeit aus; eine Eigenschaft, die etwa der dunklen Eibe gänzlich fehlt.

Pflegeleichte Heckengärtchen

Ein von niedrigen Buchsbaumhecken eingefasstes und von kugeligen Hochstämmchen flankiertes Lavendelbeet, an dem ein mit hellem Kies belegter Weg entlangführt, ist bereits ein Statement für die Liebe zur entspannten und gleichzeitig eleganten Lebensart des Südens. Die einheitliche Flächenbepflanzung erinnert an die Parterres der Barockzeit, die Entscheidung für unempfindliche, niedrige Stauden oder Kräuter garantiert jedoch weitaus weniger Pflegeaufwand, als es die mit mimosigen einjährigen Blumen bewachsenen Teppichbeete erforderten. Solch eine minimalistische Anlage ist freilich nichts für leidenschaftliche Pflanzensammler oder Gärtner, die gern ständig in ihrem Grün herumwerkeln möchten, sondern eher für Menschen, die ihren Garten genießen, indem sie ihm einfach nur beim Wachsen und Gedeihen zuschauen. Diese pflegeleichte und dennoch beeindruckende und zeitlos schöne Gestaltungsidee lässt sich übrigens auch wunderbar in sehr kleinen Gärten und Innenhöfen verwirklichen. Der schattenverträgliche Buchsbaum kommt inmitten hoher Mauern ganz

Die mediterrane Atmosphäre bezieht dieses Gärtchen aus Buchsbaumhecken und -pompons, Kieswegen sowie der flächigen Beetbepflanzung mit Lavendel.

Die opulente Variante eines von südlicher Lebensart geprägten Gartens wartet rings ums Hecken-Parterre mit einer üppigen Bepflanzung und einem behaglichen Sitzplatz auf. Die flächige Bepflanzung der Beete mit Lavendel bewirkt auch hier ein heiteres Gleichmaß.

gut zurecht, und ein geometrisch konzipiertes Heckengärtchen passt wegen seines architektonischen Charakters auch prima in eine Umgebung, die von der Architektur dominiert wird. Die Bepflanzung der Beete richtet sich dabei nach der Lage des Gartens und natürlich nach den Vorlieben und der zur Verfügung stehenden Zeit des Gärtners. Inmitten einer formalen Gestaltung kann man viel ausprobieren, ohne dass das Konzept aus dem Ruder läuft. Als Faustregel gilt jedoch: Je kleiner das Grundstück, desto mehr Zurückhaltung ist geboten. Die Beschränkung

auf wenige Farben und Formen steht einer Mini-Anlage besser zu Gesicht als bunte Vielfalt, und sie ist auch weniger zeitaufwendig.

Ist die Möglichkeit, den Garten regelmäßig zu pflegen, gar allzu beschränkt, kann man auch ganz auf die Bepflanzung des Heckenkabinetts verzichten. Nach alter Tradition legt man die einzelnen Segmente einfach mit Kies aus oder, modern interpretiert, mit farbigem Glasgranulat. Auf diese Weise wird das klassische Barock-Parterre mit einem Mal auch für eine avantgardistische Architektur wieder kompatibel.

Buchsbaum vermehren

Buchsbaum ist nach wie vor die beliebteste Pflanze für den Formschnitt. Leider ist er auch sehr teuer. Dabei ist er ganz einfach zu vermehren: Ziehen Sie einen etwa 10 cm langen Seitensproß samt einem kleinen Streifen Rinde von der Mutterpflanze ab. Anschließend pflanzen Sie ihn in einen kleinen Topf, der mit einer Mischung aus Blumenerde und etwas grobem Sand gefüllt ist. In der Folgezeit ausreichend gießen. Nach einigen Wochen treibt der Steckling Wurzeln.

Englische Impressionen in Holland

Die berühmten architektonischen Gärten in England standen Pate für die Anlage von Alie Stoffers und Jan Hessels im niederländischen Kolham in der Nähe von Groningen. Das mag auf den ersten Blick vermessen klingen, denn der Garten ist verglichen mit seinen britischen Vorbildern von seinen Ausmaßen her relativ überschaubar. Aber ebenso wie in Sissinghurst oder Hidcote wurde hier nach dem Prinzip vorgegangen, zunächst eine formale Struktur zu schaffen, in deren Rahmen dann eine opulente Bepflanzung üppig Blüten treiben darf. In insgesamt sieben Gartenräumen schufen die beiden Holländer innerhalb von zehn Jahren nach Farben sortierte Rabatten in all den subtilen Nuancierungen, derentwegen die englischen Mixed Borders so berühmt geworden sind.

So gibt es einen gelb-blauen Garten mit Wachsblume, Löwenmäulchen, Schafgarbe und Dahlien in allen Tönen von Elfenbein über Ocker- und Goldtöne bis hin zu Azur. Im rot-gelben Bereich mit seiner »hot border« blühen unter anderem Fingerkraut, Rote Melde, Schmuckkörbchen und Montbretien in allen Farben des Sonnenuntergangs, während die Atmosphäre im Kräutergarten eher zurückhaltend ist. Es gibt einen

◀ Durch die verschwenderische Bepflanzung der einzelnen Beete werden die strengen Linien der Sichtachsen, Hecken und Mauern weicher.

In den symmetrisch angelegten, buchsbaumgesäumten Beeten im Weißen Garten blühen unter anderem Lupinen, Raute und weißer Zierlauch.

det uneinsehbare Räume und sorgt durch die strikte Trennung der einzelnen Bereiche dafür, dass die farbenfrohe Vielfalt nicht in bunte Beliebigkeit abgleitet. Mit kleinen Durchgängen wird die Verbindung von Raum zu Raum geschaffen. »Ich finde es viel schöner, wenn es hinter jeder Hecke Neues zu entdecken gibt«, sagt Alie Stoffers. Die Holländerin, die ihre Vorbilder in England auf vielen Reisen studierte, bevor sie ihr eigenes Grün anlegte, hat dennoch einen sehr eigenen Garten geschaffen. Er wirkt trotz des architektonischen Grundgerüsts sehr lässig und in gewisser Weise gemütlich, sehr niederländisch eben. Für Alie Stoffers ist die Beschäftigung mit ihrem Garten inzwischen längst mehr als ein Steckenpferd. »Fast alles, was ich tue, dreht sich um die Gartenarbeit«, sagt sie. »Es ist eigentlich eher ein Lebensstil als ein Hobby.«

Grüne Fakten

Größe: 1 200 qm

Zeit zum Einwachsen: Der Garten wurde Zimmer für Zimmer angelegt. Nach acht Jahren war auch der letzte Gartenraum eingewachsen.

Pflegebedarf: In der Woche ist Alie Stoffers 15 bis 20 Stunden im Garten. Die Saison startet für sie Anfang März mit der Aussaat der einjährigen Blumen im Gewächshaus und endet im Oktober mit der Ernte im Obstgarten.

Obstgarten, ein kleines Segment für Gemüse und ein etwas größeres für den Teich, in dem hauptsächlich Blattschmuckstauden wachsen. Und natürlich gibt es einen weißen Garten mit all den graulaubigen und weiß blühenden Pflanzen, die schon Vita Sackville-Wests berühmtes Ideal in Sissinghurst zu einem Juwel gemacht haben.

Streng und gemütlich

Doch trotz dieser berauschenden, überbordenden Blütenpracht findet die Konzeption des Gartens ganz eindeutig ihren Ausdruck in einer klaren architektonischen Ordnung. Ein geometrisch ausgerichteter Rahmen aus selbst gebauten Ziegelmauern, akkurat geschnittenen hohen Rotbuchen- und niedrigen Buchsbaumhecken bil-

In rechteckigen, von Liguster- und Buchsbaumhecken gesäumten Beeten dürfen die Rosen über sich hinauswachsen. Den Torbogen im Hintergrund hat Christiane Helms selbst gemauert.

Ein Rahmen für Rosen

Bisweilen stößt man auf die Ansicht, ein formaler Garten sei vor allem die perfekte Gestaltungsidee für besonders penible, ordnungsliebende, sehr strukturierte Menschen. Christiane Helms sieht das ganz anders. »In einem formalen Garten ist es ganz leicht, ein bisschen zu mogeln«, erklärt sie. Die strengen Konturen sehen eben immer schön akkurat aus. Da fallen ein bisschen Unkraut in den Beeten oder einige welke Blüten nicht so ins Gewicht. Nichts von beidem ist in Christiane Helms Garten zu sehen. Alles ist bestens in Schuss und tipptopp gepflegt, was nicht selbstverständlich ist, wenn es gilt, 740 m Buchsbaum, 110 m Liguster, 45 m Buche und 20 m Eibe in Form zu halten. Darüber hinaus benötigen über 350 Rosen die umsorgende Hand der Gärtnerin. Dass in ihrer weitläufigen Anlage in Lasbek, einem Flecken nördlich von Hamburg, der rechte Winkel triumphiert, ist somit keineswegs einer gewissen Lässigkeit geschuldet. »Ich brauche diese strengen Formen, weil ich Ruhe finden will in meinem Garten, einen Haltepunkt für die Augen.

Ohne diesen Rahmen würde ich mich verlieren«, sagt Christiane Helms.

Als die ehemalige Erzieherin 1997 begann, ihren Garten auf einem Stück Grund des ehemaligen Bauernhofes ihrer Eltern anzulegen, ging sie das Projekt eher intuitiv an. Kurz zuvor hatte sie Englische Rosen kennengelernt und sich sofort in die Beautys von der Insel verliebt. Dann sah sie erstmals historische Rosen und versammelte schließlich eine kleine Sammlung englischer und alter Sorten auf dem noch zu erschließenden Terrain, das sie peu à peu bepflanzte.

Geometrie nach Gefühl

Aus dem alten Garten ihrer Eltern schnitt sie sich Ligusterstecklinge und grub die schon recht betagten Buchsbaumbüsche aus. Sie teilte sie, pflanzte sie aus, nahm sie später wieder heraus und teilte sie wieder. »Mein Gartenetat ist ziemlich begrenzt, und mehrere hundert Meter Buchsbaumhecke ... Das kann ja keiner bezahlen.« Mit den immergrünen Gehölzen gab sie ihren Rosen eine formvollendete Kulisse aus geometrisch angelegten Heckenkabinetten. Geplant hatte sie das alles nicht wirklich. »Es hat sich einfach so entwickelt«, sagt Christiane Helms. »Die Anlage meines Gartens war mehr oder weniger eine reine Gefühlssache.«

Nur durch diese intensive Verbundenheit zu ihrem Grün ist es wohl zu erklären, dass sie ohne ein wohldurchdachtes Konzept und gleichsam aus dem Bauch heraus ein brillant

Lob des rechten Winkels: Die Moosrose 'William Lobb' und die Remontantrose 'Prince Camille de Rohan' teilen sich ein Eckchen mit Frauenmantel.

komponiertes Meisterwerk auf die grüne Wiese gepflanzt hat. Die Hecken und über hundert Buchsbaumkugeln bringen mit ihrem ruhigen, geometrischen Gleichmaß die Grandezza der Rosensammlung und deren Staudenbegleiter erst so richtig zur Geltung. Und sie sorgen auch dafür, dass die Empfindungen der Gärtnerin zu ihrer hinreißenden Blütenkollektion geerdet bleiben. »Ich habe mich in meinem Garten wiedergefunden«, sagt Christiane Helms. »Inzwischen hat er sich fast ein bisschen verselbstständigt. Ich empfinde ihn wie ein Gegenüber, einen Partner. Unsere Beziehung besteht aus einer steten Wechselwirkung.«

Grüne Fakten

Größe: 4 500 qm

Zeit zum Einwachsen: Buchsbaum wächst extrem langsam, und auch die übrigen Gehölze brauchten ihre Zeit. »Nach zehn Jahren habe ich meinen Garten zum ersten Mal als Ganzes wahrgenommen«, sagt Christiane Helms.

Pflegebedarf: Wenn das Wetter es zulässt, ist Christiane Helms jeden Tag mehrere Stunden in ihrem Garten, »obwohl ich keine penible Gärtnerin bin«. Eine 40-Tage-Woche als Hüterin ihres Grüns ist aber keine Seltenheit.

Spaziergang im Barock

Geometrie im Grünen hat etwas Magisches, Unwirkliches, Berauschendes. Wer die Journalistin und Buchautorin Eva Kohlrusch auf ihrem Anwesen im Wendland besucht, ist schnell in Bann gezogen von der schieren Großartigkeit ihres Gartens, verliert sich in ihm und fühlt sich bisweilen wie aus der Zeit gefallen. 1200 m Liguster und Buchsbaum bilden hier schnurgerade Hecken, fügen sich zu Gartenräumen, intimen Separees, zu Parterres, Rondellen und Sichtachsen, als hätte André le Nôtre, der berühmte Schöpfer von Versailles, höchstpersönlich Hand angelegt. Eva

Kohlrusch hat dieses Werk allein vollbracht, aber es ist schon so, dass die Anlage in ihren gigantischen Ausmaßen auf dem weitläufigen, ländlichen Terrain an die monumentalen Konzepte barocker Gärten des 17. Jahrhunderts erinnert.

Nein, sagt Eva Kohlrusch, der Begriff Barockgarten sei ihr zunächst überhaupt nicht in den Sinn gekommen, als sie mit ihrem Mann Anfang der 90er-Jahre einen 300 Jahre alten Bauernhof in dieser beschaulichen Gegend im Südosten Hamburgs kaufte und daran ging, einen Garten anzulegen. »Ich hatte lediglich ein

etwas unbestimmtes Gefühl, wie er auszusehen habe. Ich wollte über lange Wege zwischen geraden Hecken schreiten.« Die Lage war ideal dafür. Hinter dem Haus zwischen zwei lang gezogenen Knicks aus Eichen, Erlen und Eschen erstreckten sich mehrere tausend Quadratmeter Land, platt wie eine Flunder, mit Blick bis zum Horizont. So etwas kann beängstigend sein.

Perfektes Raumgefüge

Andererseits war es genau das, was auch die barocken Gartenmeister in der Regel vorfanden, wenn sie ihre raffinierten geometrischen Konzepte auf die grüne Wiese pflanzten. Und so kristallisierte sich auch bei Eva Kohlrusch mehr und mehr die Idee zu einer symmetrischen Anlage heraus. »Ich musste schließlich Struktur in diese Unendlichkeit bringen«, sagt sie. Darüber hinaus ist sie keine Frau, die kleckert, wenn Klotzen angesagt ist: »Ich wollte einen mächtigen Garten unter einem mächtigen Himmel.«

Diesen mächtigen Garten hat sie bekommen, aber dennoch empfindet man hier nichts von der kühlen Arroganz, mit der sich die Herrscher des 17. Jahrhunderts die Natur untertan gemacht haben. Der Garten strahlt Persönlichkeit und Wärme aus. Inmitten all der grünen Architektur wachsen Stauden, Rosen und andere Blütengehölze in opulenter Pracht, vornehmlich in den Lieb-

Von einem erhöhten Standpunkt aus betrachtet, erschließt sich das geometrische Konzept des Gartens mit Heckenkabinetten und Sichtachsen am besten.

Ein kunstvoll gepflanztes Parterre aus niedrigen Buchsbaumhecken und -kugeln ist nur eine von vielen Reminiszenzen an die großen Gartenanlagen der Renaissance und des Barock.

lingsfarben der Gärtnerin: Weiß, Rosa, Blau und Violett. Die überbordende Blütenfülle nimmt der formalen Gestaltung die Strenge, ohne sie dabei zu kaschieren. Ein Wechselspiel, das Eva Kohlrusch sehr bekannt vorkommt. »Dieser Bruch von Strenge und Verspieltheit, der ist auch in mir selbst«, sagt sie.

Dass der Garten gerade einmal 16 Jahre alt ist, macht Staunen. Wie jeden Barockgarten sollte man ihn einmal von einem erhöhten Standpunkt aus betrachten. Erst dann erschließt sich das perfekte Raumgefüge der Anlage, vor allem aber wirkt sie von oben gesehen in ihrer

ausgeklügelten architektonischen Perfektion wie ein grünes Juwel, das hier seit Jahrhunderten seinen Platz hat. Seine Schöpferin bekennt dann auch, dass sie bis heute daran arbeitet, »dem Garten ein Gesicht zu geben, als sei er aus einer anderen Zeit übrig geblieben«. Bisweilen jedoch erschrecken sie die immensen Dimensionen. »Vielleicht habe nicht bedacht, wie mächtig eine solche Anlage wirklich werden kann und wie viel Aufmerksamkeit sie erfordert«, sagt Eva Kohlrusch nachdenklich. »Manchmal denke ich darüber nach, den Garten später einfach wieder der Natur zu überlassen.«

Grüne Fakten

Größe: 18 000 qm, von denen 12 000 eingewachsen sind, das übrige Terrain wird noch gestaltet.

Zeit zum Einwachsen: Seine jetzige Gestalt hatte der Garten nach fünf Jahren. Der grüne Rahmen bleibt bestehen, die Pflanzungen in den einzelnen Gartenräumen werden jedoch stets optimiert.

Pflegebedarf: Der Garten bedarf eines fast ständig anwesenden Gärtners.

EXTRA: Knotengärten – Spielerei und hohe Kunst

Der Knotengarten ist eine spezielle Form des Parterregartens und war vor allem im England des 16. Jahrhunderts eines der wichtigsten Elemente der grünen Kunst. Während im französischen Parterre gleichmäßig hoch geschnittene Buchsbaumhecken in verschnörkelten spiraligen Mustern kunstvolle Broderien bildeten, die vor allem von einem höheren Standpunkt aus, von einem Fenster oder einer Terrasse betrachtet, wie kunstvoll geknüpfte Teppiche aussahen, ging man im England der Tudorzeit noch einen Schritte weiter.

Auch hier waren niedrige Hecken zunächst aus Rosmarin, Lavendel und Ysop, später auch aus Buchsbaum die Hauptzutaten. Und ähnlich wie beim Parterre bildeten die Hecken in verschlungenen Formen komplizierte Muster und umschlossen dabei kleine Beetflächen, die mit Blumen bepflanzt oder mit Kies ausgelegt wurden. Im Knotengarten jedoch vermittelt der unterschiedlich hohe Schnitt der Hecken den Eindruck, dass die Pflanzenbänder über- und untereinander laufen und sich in imaginären Windungen und Verflechtungen ver-

ketten. Der Knotengarten wirkt insgesamt plastischer als ein Parterre und ergibt auch aus der Nähe betrachtet einen faszinierenden Effekt.

Obwohl Knotengärten gemeinhin als typisch englische Form der Parterregestaltung gelten, tauchen die ersten Darstellungen dieser artifiziellen Gartenkunst in dem italienischen Buch »Hypnerotomachia Poliphili« auf, einem fantastischen Roman des jungen Prinzen Francesco Colonna, der 1499 erschien. Der Roman selbst beeinflusste dabei die Gartenkunst weniger als die Holzschnitte, in

Bei der Anlage werden die Muster mit Sand gekennzeichnet. Erst dann wird der Buchsbaum aufs Planquadrat verteilt.

In auffälliger Farbigkeit bilden Buchsbaum und Berberitze (*Berberis thunbergii* 'Atropurpurea') ein komplexes Muster.

denen erstmals zu Mustern angelegte Blumenbeete zu finden sind. Weitere Musterbögen zur Parterregestaltung findet man in vielen gartentheoretischen Werken, die in den folgenden zwei Jahrhunderten in Frankreich, Italien und England erschienen. Aber nur in englischen Entwürfen war eine spezielle Vorliebe für verschlungene Bandmuster zu erkennen, was prompt auch Kritiker auf den Plan rief. So empfand der britische Philosoph und Staatsmann Francis Bacon Knotengärten als »bloße Spielereien« und spottete: »Man kann auf Torten oft einen ebenso schönen Anblick genießen.«

Eine Chance für städtisches Grün

Im 18. Jahrhundert wurde in England der Landschaftsgarten populär. In der Folge dieses eher natürlichen Gestaltungsstils galten Knotengärten wie Parterres überhaupt als zu gekünstelt, zu verspielt und wurden größ-

tenteils aufgelöst. Auch bei den großen Gartengestaltern des 19. und frühen 20. Jahrhunderts hielt sich die Begeisterung für ornamentale Konturen in Grenzen. Erst Rosemary Verey, eine der bekanntesten englischen Gärtnerinnen des 20. Jahrhunderts, erweckte den Knotengarten zu neuem Leben. In den 70er-Jahren rekonstruierte sie im Garten ihres Landsitzes Barnsley House mit verschiedenfarbigem Buchsbaum ein Modell aus William Lawsons Buch »The Country Housewife's Garden« von 1638.

Aber auch wenn es sich hierbei einmal mehr um einen historischen Entwurf handelt, lässt Vereys Knotengarten ahnen, welche Möglichkeiten in dieser Gestaltung stecken. Denn Knotengärten bewähren sich bestens auf kleinem Raum, können mit schattenverträglichen Gewächsen gepflanzt werden und sind, in einer weniger aufwendigen Variante geformt, sogar relativ pflegeleicht. Sie sind damit eine Chance etwa für die oftmals vernachlässigten Vorgärten zeitgenössischer Stadthäuser.

◀ Verschiedenfarbige Buchsbaumbänder bilden ein Knotenbeet, das hier auf elegante Weise das Wohnhaus mit dem Garten verbindet.

SO GEHT'S — **So entsteht ein Knotengarten**

❀ Zeichnen Sie das gewünschte Muster auf und teilen Sie es in Planquadrate ein. Anschließend wird das Raster in Originalgröße auf dem Knotenbeet mit weißen Schnüren abgesteckt.

❀ Ritzen Sie das Muster der Vorlage mit einem Stöckchen Quadrat für Quadrat in die Fläche. Die markierten Linien werden mit Vogelsand gefüllt.

❀ Wenn alle Linien übertragen sind, können die Schnüre entfernt und die Pflanzen gesetzt werden. Am besten geeignet sind hierfür Buchsbaum und Berberitze. Die oben laufenden Bänder werden durchgehend bepflanzt, die unten laufenden an den Kreuzungspunkten unterbrochen.

❀ Gießen Sie die Pflanzen gut an. Zweimal im Jahr sollten die Bänder geschnitten werden. Die unten laufenden Bänder bleiben stets niedriger als die Pflanzen, die darüber laufen.

Wassergärten – mit allen Sinnen genießen

Liebe zu einem belebenden Element

Wasser ist Leben, und es ist sicher kein Zufall, dass wir stets instinktiv seine Nähe suchen. Wasser in seinen vielfältigen Erscheinungsarten, ob als ruhige Spiegelfläche, sprudelnde Fontäne oder rauschender Bach, verhilft jeder Stätte zu einer unverwechselbaren Aura.

Im Garten hat Wasser eine lange Tradition. Die islamischen Wassergärten, die Anlagen der Renaissance und des Barock, aber auch die der englischen Landschaftsgartenbewegung beeinflussen unser Empfinden, wie ein Teich, Bachlauf oder Brunnen in unserem Garten auszusehen habe, bis heute.

Ging es im islamischen Garten mit seinen Wasserbecken, -rinnen und -kaskaden noch um das Element selbst, so drehte sich in den großen europäischen Anlagen des 16. und 17. Jahrhunderts mit seinen extravaganten Wasserspielen in kunstvollem Ambiente alles um den Effekt.

Im Zuge der Landschaftsgartenbewegung im England des 18. Jahrhunderts erhielt das Wasser dann wieder seine eigentliche Funktion als natürliches Element zurück. Der Großmeister des Stils, Lancelot Brown, schuf in seinen Anlagen geschwungene Seen und Flüsse, die sich scheinbar natürlich durch die Landschaft schlängeln. In unseren heutigen Gärten ist von all diesen Einflüssen manches wiederzufinden. Ein natürlich anmutender Teich mit üppiger Uferbepflanzung, mit Seerosen und einer mannigfaltigen Fauna ist für viele das Highlight des Gartens schlechthin. Kommt noch ein plätschernder Bach dazu, der anmutig durchs Terrain mäandert, fühlen wir uns fast schon wie im Paradies. Kleinere Grundstücke profitieren von einem Wasserbecken, und selbst im winzigsten Grün ist noch Platz für einen Wandbrunnen.

Becken, Rinnen und Kaskaden

Dabei ist Wasser im Garten nicht allein ein visuelles Erlebnis. Wasser schwappt und strömt, es rauscht, rieselt, gluckert und sprudelt. Seine Laute können beruhigen oder beleben. Wir können Wasser schmecken und ertasten. Der Wunsch nach Wasser im Garten ist auch die Sehnsucht nach einem Zusammenspiel aller Sinne. Wie man es im Garten einsetzt, hängt außer von der Größe des Grundstücks auch von seiner Topographie und der umgebenden Architektur und natürlich nicht zuletzt vom Geschmack der Besitzer ab. Neben dem klassischen Naturteich gibt es unzählige andere attraktive Möglichkeiten, mit Wasser im Garten zu gestalten.

Formale Becken zum Beispiel eignen sich, anders als ein Naturteich, auch für sehr kleine Gärten. Sie haben klare Konturen mit fest umrissenem Uferbereich, und da sie meist nur wenig oder gar nicht bepflanzt sind, spiegelt sich in ihrer ruhigen Wasserfläche der Himmel, was den Garten optisch vergrößert. Ein Hanggrundstück wird zur Sensation durch eine Treppe, an der Wasser in Kaskaden hinunterströmt. Der britische Landschaftsgestalter Russel Page schuf auf der Insel Ischia eine islamisch inspirierte Komposition aus Springbrunnen und Wasserrinnen. Sein Landsmann Geoffrey Jellicoe verband in seinen, der Renaissance entlehnten Entwürfen mehrere runde Becken mit langen, rechteckigen Kanälen.

Der augenblickliche Trend in puncto Wassergarten tendiert in eine andere Richtung: Schwimmteiche, die den Komfort des klassischen Swimmingpools mit der romantischen Idylle eines Naturteichs verbinden, sind derzeit die angesagteste Form, sich das Element Wasser in den Garten zu holen.

◄ Eine leichte, moderne Optik prägt diesen von viel mediterranem Grün umgebenen Schwimmteich. Sumpfpflanzen im Uferbereich garantieren, dass das Wasser auch ohne Einsatz von Chemie sauber bleibt.

Wasser natürlich und in Form

Frei angelegte Teiche sind nach wie vor die beliebteste Art der Gestaltung mit Wasser im Garten. Die Hauptattraktion besteht dabei in der Beobachtung des vielfältigen Lebens, das sich rund um eine natürliche Wasserfläche abspielt. Natürliche Teichlandschaften sind, mit Bedacht angelegt, wertvolle Lebensräume für gefährdete Pflanzen und Tiere. Und sie sind mit einer abwechslungsreich gestalteten Uferzone und einer Kolonie Seerosen auch überaus malerisch und romantisch. Naturnahe Teiche sollten in der Regel ohne technische Hilfsmittel wie Pumpen oder Filter

auskommen und sich selbst regulieren. Dafür müssen die im Teich siedelnden Pflanzen, Tiere und Mikroorganismen in einem ausgewogenen Verhältnis zueinander stehen. Grundsätzlich gilt: Je größer und tiefer der Teich ist, desto besser wird das biologische Gleichgewicht aufrechterhalten und desto geringer ist auch der Pflegeaufwand für den Gärtner. Die Teichgröße sollte daher 10 qm nicht unterschreiten. Bei einer gleichzeitigen Tiefe von ca. 120 cm bietet der Wassergarten den Tieren, die in ihm leben, ein Überwinterungsquartier.

Zusammenspiel von Flora und Fauna

Ein naturnaher Teich ist im Idealfall so angelegt, dass er sich harmonisch in den Garten einfügt und man ihn gar nicht mehr als gestaltetes Element wahrnimmt. Wie bei den Teichen und Seen in der Natur sollte das Ufer zumindest teilweise von Blüten und Blättern verdeckt sein. Ufer-Segge *(Carex riparia)*, Schachtelhalm *(Equisetum hyemale)*, Binse *(Juncus ensifolius)*, Wasser-Minze *(Mentha aquatica)* und Hahnenfuß *(Ranunculus lingua)* stehen mit den Wurzeln und dem unteren Stielbereich gern im Wasser oder in durchtränktem Boden und säumen die äußeren Zonen des Teiches. Jenseits des eigentlichen Ufers, wo der Boden feucht, aber nicht völlig durchnässt ist, fühlen sich viele beliebte Stauden wie Funkien *(Hosta)*, Mädesüß *(Filipendula)*, Schildblatt *(Darmera peltata)*, Schwertlilien *(Iris)* sowie fast sämliche Primel-Arten wohl. Auf der Wasseroberfläche selbst sorgen Wasserstern *(Callitriche autumnalis)*, Wasser-Hahnenfuß *(Ranunculus aquatilis)* und natürlich Seerosen *(Nymphaea)* für Abwechslung. Unterwasserpflanzen wie Sumpfsimse *(Eleocharia acicularis)* und Tausendblatt *(Myriophyllum spicatum)* bieten Kaulquappen und Wasserschnecken Schatten und Schutz. Darüber hinaus sind viele dieser Schwimm- oder Unterwasserpflanzen nicht nur schön anzuschauen, sie produzieren auch

Von dem kleinen, lauschigen Sitzplatz und auch vom Holzdeck aus lässt sich das vielfältige Leben in dem romantischen Seerosenteich bestens beobachten.

Eine klare Kontur schließt den Teich auf einer Seite zum Rasen hin ab. Die geschwungenen Linien passen sich der Architektur des Hauses an und bilden einen spannenden Kontrast zur opulenten Bepflanzung auf der anderen Seite des Ufers.

Sauerstoff und helfen so dabei, das sensible ökologische Gleichgewicht im Teich zu bewahren. Gleichzeitig halten sie das Algenwachstum zuverlässig im Zaum.

Eine Alternative zu einer breiten und vielseitigen Bepflanzung des Wasserrandes ist eine klar definierte Uferkontur. Diese kann sogar bei einem naturnahen Teich recht formal angelegt sein. Es ist aber sinnvoll, nur einen Teil des Ufers so befestigt anzulegen. Der Charme eines frei gestalteten Teichs besteht ja gerade in der Vielfalt der Pflanzen und Tiere, die in und um ihn herum leben. Nur eine abwechslungsreiche Uferbepflanzung bietet Fröschen, Molchen, und Kröten das ganze Jahr über einen sicheren Unterschlupf. Insekten werden sich ansiedeln und mit ihnen eine bunte Vogelwelt.

Soll der Naturteich gleichzeitig zum Baden genutzt werden, wird er in sich noch einmal gegliedert in einen pflanzen- und erdfreien Schwimmbereich, der mindestens 2 m tief sein sollte, sowie einem Flachwassergürtel, auf dem verschiedene Wasser-, Unterwasser- und Uferpflanzen wachsen. Sie geben zahlreichen Mikroorganismen und Kleinstlebewesen Schutz und Nahrung. Durch dieses perfekte Zusammenspiel von Flora und Fauna bleibt das Wasser stets sauber, der Einsatz von Chemie ist unnötig. Die bepflanzte Uferzone wird also zum Regenerations- und Reinigungsbereich des Teiches und, wenn sie etwas breiter angelegt ist, auch zu einer Art Solarheizung, die eine zusätzliche Erwärmung des Badewassers überflüssig macht. So viel Natur beansprucht allerdings einiges an Platz.

Die von blauen Schwertlilien *(Iris)* gesäumte Wassertreppe bildet eine Achse zur Terrasse und setzt die geradlinige Architektur des Hauses fort.

60 qm sollten für einen Badeteich schon zur Verfügung stehen.

Aber es gibt auch andere Gestaltungsideen mit Wasser. Während der Teich mit seiner gleichmäßig spiegelnden Oberfläche ein eher ruhiges Wasserelement im Garten darstellt, kommt mit einem Bachlauf Bewegung ins Grün. Unsere Vorstellungen von einem Bach sind in der Regel sehr klar umrissen. In unserer Fantasie plätschert ein natürlicher, schmaler Wasserlauf fröhlich und ungezwungen über Stock und Stein durch eine grüne Au oder einen lichten Wald. Und viele Bäche, auch die

künstlich angelegten in unseren Gärten, kommen diesem Ideal tatsächlich ziemlich nahe.

Wassertreppen für modernes Grün

Aber es geht auch ganz anders. In islamischen Gärten beispielsweise wurde mit Wasser nie in diesem naturhaften Stil gestaltet. Wasser war in den Ländern der arabischen Welt stets ein überaus kostbares Gut, das man nah am Haus haben wollte. Zudem waren Wasseranlagen Teil der Architektur und daher oft sehr formal. Ein Bachlauf glich insofern eher einer Rinne oder einem Kanal. Diese Gestaltungsidee lässt sich hierzulande wunderbar in Hanggärten umsetzen. Auf den sinnlichen Reiz bewegten Wassers muss man dabei nicht verzichten. Legt man den Bachlauf auf verschiedenen Ebenen an, etwa zwischen der Terrasse und dem tiefer gelegenen Teil des Gartens, kann das Wasser über ein Sims oder eine Treppe strömen. Diese Wassertreppen wurden im Italien der Renaissance zur Perfektion entwickelt. Heute bedient man sich dieser geraden und symmetrisch gestalteten

Anlagen vor allem in modern gestalteten Gärten, die an eine minimalistische Architektur angelehnt sind.

Bäche für Naturgärten

In naturnahen Gärten ist dagegen ein natürlicher Wasserlauf die bessere Lösung. Hierfür darf das Grundstück nicht zu klein und nicht zu eben sein. Ähnlich wie die formalen Bachläufe benötigt auch der Naturbach Höhenunterschiede im Garten. Ein Gefälle von mindestens zwei Prozent sollte schon sein, damit der Wasserlauf richtig zur Geltung kommt. Je größer das Gefälle, desto höher ist die Fließgeschwindigkeit des Wassers. Wie sein natürliches Vorbild sollte auch ein künstlich angelegter Bach verschiedene Breiten, Tiefen und Fließgeschwindigkeiten aufweisen und, wenn es die Größe des Grundstücks erlaubt, durch unterschiedliche Bereiche des Gartens mäandern. Um die unnachahmliche Klangkulisse eines dahinplätschernden Baches genießen zu können, sollte auf jeden Fall ein Sitzplatz in der Nähe des Wasserlaufs eingeplant werden. Im optimalen Falle mündet er in einem Teich, der gleichzeitig als Reservoir dient, aus dem das Wasser wieder zur künstlichen Quelle des Baches gepumpt werden kann.

Das Bett eines natürlich gestalteten Baches besteht in der Regel aus Kies, Sand und hier und da einigen größeren Steinen oder Kieseln. Die Uferbepflanzung sollte wie beim Teich abwechslungsreich sein und einen fließenden Übergang von Wasser-, Sumpf- und Landzone aufweisen. In der Flachwasser- und Sumpfzone fühlen sich zum Beispiel Kalmus *(Acorus calamus)*, Sumpfdotterblume *(Caltha palustris)* und Blutweiderich *(Lythrum salicaria)* wohl, am trockenen Ufer großlaubige Stauden wie Funkien *(Hosta)* oder Frauenmantel *(Alchemilla)*, aber auch Farne und Gräser, die die erhöhte Luftfeuchtigkeit und die kühleren Temperaturen in Wassernähe zu schätzen wissen.

▶ Dieses Idealbild eines natürlichen Bachlaufs schlängelt sich mal schmal, mal breiter durch ein Bett aus Kies und Steinen. Am Ufer wachsen Binsen.

Senkgärten sind prädestiniert für formale Wasserelemente. Der runde Teich wiederholt die Konturen dieser kreisförmigen kleinen Anlage im mediterranen Stil.

Klare Linien fürs Nass

Während man bei großzügig bemessenen Grundstücken die freie Wahl hat zwischen einem natürlich anmutenden und einem formalen Wasserelement, empfiehlt sich für kleine Gärten oder Innenhöfe ganz eindeutig die formale Variante. Kleine Gärten werden in der Regel stark von den sie umgebenden Gebäuden geprägt, und eine mit der Architektur korrespondierende Gestaltung wirkt hier harmonischer als eine winzige Wasserfläche, die sich als Teich geriert. Die steilen Wandungen eines rechteckigen oder runden Beckens garantieren darüber hinaus ein möglichst großes Wasservolumen auf geringstem Raum. Geschickt platziert, lässt ein formaler Teich mit seiner spiegelglatten Oberfläche gleichzeitig den Garten größer erscheinen.

Formale Wasserelemente passen aber auch gut in historisch inspirierte Anlagen. Die immer etwas statische und künstliche Attitüde eines Renaissance-Parterres oder eines Barockgärtchens wirkt durch das natürliche Element Wasser in einem mittig platzierten, runden Becken sofort lebendiger. Zum Stil der beiden Epochen passen formale Teiche sowieso, denn in den berühmten italienischen und französischen Gärten des 16. und 17. Jahrhunderts waren die streng konturierten Becken mit ihren kunstvollen Fontänen, Springbrunnen und Wasserorgeln ein selbstverständlicher Bestandteil der Gesamtanlage.

Becken für historisches und modernes Grün

Aber auch in modernen und größeren Gärten lässt sich ein langer rechteckiger Teich nach barockem Vorbild als Blickachse nutzen. Mit langen, schmalen Becken erhält das Terrain außerdem optische Tiefe. Dabei muss stets berücksichtigt werden, dass ein Wasserbecken ein horizontales Gestaltungsmittel ist, das durch vertikale Elemente wie etwa Springbrunnen, Hecken, Formschnittgehölze, eine Bank oder einen Pavillon ergänzt werden muss.

Besticht der Naturteich vor allem durch die abwechslungsreiche Bepflanzung, spielen Gewächse bei einem formalen Wasserbecken eher eine Nebenrolle. Einige Seerosen adeln sicherlich jede Wasserfläche. Ein das Becken umgebender smaragdgrüner Rasenteppich sowie einige Formschnittgehölze oder Kübelpflanzen in Ufernähe passen zum eleganten Stil eines architektonischen Wassergartens. Dessen Hauptmerkmale sind jedoch die Formge-

Der formale Schwimmteich ersetzt in diesem Garten Rasen und opulente Rabatten. Die gerade Linienführung der Holzeinfassung sowie der Sichtschutzwand bewahren den architektonischen Charakter trotz der natürlichen Uferbepflanzung auf der linken Seite.

bung und die Einfassung. Vor allem kleine Becken profitieren von klaren, schlichten Formen. Die meist runden, ovalen oder rechteckigen Konturen werden durch einen Rahmen aus Klinker, Naturstein oder Keramikfliesen noch betont. Die Ufereinfassung sollte dabei mit den schon im Garten vorhandenen Werkstoffen harmonieren. Dabei müssen Wasserfläche samt Einfassung nicht unbedingt ebenerdig sein. Vor allem bei größeren Wasserelementen bieten sich leicht erhöhte Beckenränder an, die auch mal als ungezwungene Sitzgelegenheit herhalten können. Ebenfalls zu

berücksichtigen ist die Tönung der Becken-Innenfläche, denn sie kann sehr unterschiedliche Stimmungen hervorrufen. Wird sie eher dunkel gehalten, täuscht sie geheimnisvolle, unergründliche Tiefe vor, während eine Färbung in hellem Türkisblau immerwährende Frische verspricht.

Wasser statt Rasen

Teiche, ob natürlich oder formal, können indes auch zu einem Hauptbestandteil des Gartens umfunktioniert werden. Wer nur ein schmales Reihenhausgrundstück zur Verfügung

hat, auf das nasse Element aber nicht verzichten mag, opfert vielleicht den Rasen zugunsten eines rechteckigen Schwimmteiches. Eine zwanglose Uferbepflanzung, die den Teich chlorfrei sauber hält, stört die Geometrie nicht weiter, wenn die Formen ansonsten konsequent geradlinig sind. Die irische Gestalterin Helen Dillon etwa ersetzte den zentralen Rasen in ihrem Garten in Dublin durch ein langes Wasserbecken, um dessen Einfassung sie ihre genialen Beete pflanzte. Es steht jedoch außer Frage, dass Wasser in diesem Garten die Hauptrolle spielt.

Wenn alle Brünnlein fließen

Wasser ist ein belebendes, erfrischendes Element und sollte in keinem Garten fehlen. Selbstverständlich passt auf ein handtuchgroßes Grundstück kein ausufernder Teich. Ein Wandbrunnen jedoch lässt sich auch noch im winzigsten Innenhof installieren und macht aus monotonen Mauern und Wänden formidable Schmuckstücke. Mit Springbrunnen holt man sich mit einer in die Höhe sprudelnden Fontäne automatisch auch ein vertikales Element in den Garten. Da Springbrunnen sich sehr in Szene setzen, muss man mit ihnen vorsichtig gestalten. Sind sie zu groß dimensioniert, werden sie rasch zum alles beherrschenden Objekt im Garten und stören die Harmonie der Gestaltung. Sind sie zu klein, verkommen sie zu einer gewissen Bedeutungslosigkeit.

Während Springbrunnen zumeist formal gestaltet sind und sprühende Lebensfreude verkörpern, vermittelt das aus natürlich geformten Findlingen oder Mühlsteinen still emporsteigende Wasser eher ruhige, meditative Momente. Diese Sprudel- oder Quellsteine werden in der Regel auf Bodenniveau installiert und fügen sich unmerklich in die umliegende Bepflanzung des Gartens ein.

Wassermusik erquickt

Aber egal ob fröhlich springend oder ruhig sprudelnd: Die Klangkulisse von belebtem Wasser verbreitet eine behagliche Atmosphäre und lässt sogar unangenehme Dauergeräusche wie etwa Verkehrslärm in den Hintergrund treten. Bei Springbrunnen, Quell- oder Sprudelsteinen sorgt dabei ein in die Erde vergrabenes Wasserbecken mit einer elektrischen Pumpe für den ständigen Wasserkreislauf. Bei Wandbrunnen, die ausschließlich der Dekoration dienen und nicht als Zapfstelle für Gießwasser, befindet sich die Pumpe versteckt im Brunnenbecken.

◀ Dieser frei stehende Wandbrunnen in Antikoptik passt auch in kleine Gärten. Per Tauchpumpe gelangt das Wasser aus dem Becken wieder in den Mund des Löwen.

◄ Rustikale Pumpe

Auch bei der Installation von Wasserelementen im Garten entscheidet der Standort den Stil. Diese nostalgische Pumpe mit moosbewachsenem und efeuumranktem Steintrog verbreitet ländlichen Charme und passt daher am besten in einen Landhausgarten.

▼ Mondäne Fontäne

Diese zeitgemäße Interpretation eines Springbrunnens fügt sich gut in einen modernen Stadtgarten. Das Wasser zeigt sich hier in verschiedenen Formen. Es sprudelt lebendig aus der Quelle, um dann in ruhigen Kaskaden in das Becken zu fließen, dessen Strenge von den umgebenden Pflanzen gemildert wird.

▲ Spaßiger Speier

Der altehrwürdige, aus Ziegelsteinen gemauerte Ziehbrunnen diente einst der Wasserversorgung des Gartens, inzwischen aber ausschließlich der Erbauung. Auch er kommt in einem ländlichen Garten am besten zur Geltung. Das possierliche kleine Fabelwesen im Moosbett sorgt für eine sanft plätschernde Klangkulisse.

► Sprudelnder Quell

Sein zweites Leben fristet dieser altehrwürdige Mühlstein als sprudelnder Quellbrunnen. Mühlsteine lassen sich gut zu kleinen Wasserelementen umfunktionieren, da das Loch für das Wasserrohr in der Mitte schon vorhanden ist und die Steine selbst oft eine schöne Patina haben.

Ein Naturteich wie aus dem Bilderbuch nimmt fast das gesamte Grundstück ein. Der Uferbereich ist von Sumpfpflanzen umgeben. Etwas höher gelegen gedeiht eine bunter Mix aus Stauden und Gehölzen.

Naturteich statt Rasen

Für einen langen, schmalen Reihenhausgarten bietet sich die Anlage eines Naturteichs nicht zwingend an. Aber Martina Ritscher liebt das Wasser, und sie wollte Frösche und Libellen in ihrem Garten haben, eine naturhafte Oase am Rand der City, am liebsten mit leicht südlichem Charakter. Heute wird das Terrain des Grüns in einem Vorort von Bremen fast vollständig von einem oval geformten, fast 2 m tiefen Teich ausge- füllt, der von einer vielfältigen Pflanzengesellschaft umgeben ist. In der Sumpfzone wachsen Schilf, Pfeilblatt und Froschbiss, das höher gelegene Ufer wird von einem Mix aus Lavendel, Frauenmantel und Rittersporn und einem japanischen Fächerahorn geprägt. An den hohen Zäunen, die ringsum das Grundstück begrenzen, klettern Blauregen, Efeu und Clematis geradezu dschungelartig empor und sorgen mit der übrigen üppigen Bepflanzung dafür, dass man der Bonsai-Ausmaße Gartens auf den ersten Blick gar nicht gewahr wird. Sogar für eine kleine japanische Ecke ist noch Platz am hinteren Uferrand. Hier verbirgt sich eine Buddhafigur zwischen Steinen und Seerosen und

▲ Der rotblättrige Fächer-Ahorn und eine Buddhafigur geben dem hinteren Teichrand mit den eleganten Seerosen eine japanische Anmutung.

bringt gemeinsam mit einem Fächer-Ahorn einen Hauch Fernost ins blütenreichen Ambiente. Aber trotz aller Mannigfaltigkeit: Im Fokus steht hier ganz ohne Zweifel der Teich.

Es war ein Wagnis, das Martina Ritscher einging, als sie ihren Teichgarten vor acht Jahren anlegte. Sie kannte Teiche in den Gärten ihrer Freunde; es waren große Teiche in noch größeren Gärten. Aber da »learning by doing« stets das Motto der jungen Goldschmiedin war, machte sie sich ans Werk, das Terrain zunächst »von all dem Friedhofsgrün und den Waschbetonplatten zu entmisten«, wie sie sagt. Mit Freunden ging sie anschließend daran, ihre grünen Ideen in die Tat umzusetzen. Nachdem der Teich angelegt war, umgab sie ihn mit einer pflegeleichten Mulchschicht und umpflanzte ihn »mit allem, was ich von Freunden geschenkt bekam und was mir gefiel. Das war eher ein Bauchgefühl als ein Pflanzplan.« Auf Rasen verzichtete sie ganz.

Dafür durfte die Natur das Ihrige beisteuern. Rohrkolben siedelten sich von selbst an und durften bleiben. Walderdbeeren können sich im Garten munter ausbreiten, der Frauenmantel samt sich gern aus. Und natürlich lauscht sie an langen Sommerabenden dem Konzert der Frösche, die sich an ihrem Teich niedergelassen haben, und sieht den Libellen zu, wenn sie über die Wasseroberfläche flitzen. »Ich staune immer wieder, wie alles wächst«, sagt Martina Ritscher. »In meinem Teichgarten bin ich noch mal Kind geworden.«

▲ Kapuzinerkresse gehört zu den Lieblingen der Gärtnerin und breitet sich munter zwischen den Steinen am Teichrand aus.

Grüne Fakten

Größe: 120 qm.

Zeit zum Einwachsen: Schon direkt nach der Bepflanzung sah der Garten gut aus. Bis er so natürlich wirkte wie jetzt, dauerte es eineinhalb bis zwei Jahre.

Pflegebedarf: An nur zwei Tagen im Jahr, einmal im Frühling, einmal im Herbst, macht Martina Ritscher ihren Garten fit für die Saison. Dann reinigt sie den Teich und schneidet die Pflanzen zurück.

Ein Garten spielt Wasserwelt

Der Gartenarchitekt Henk Weijers ist bekannt für seine Wasserlandschaften, und wer dabei an kleine, intime Teiche denkt, liegt völlig falsch. In den Entwürfen des inzwischen verstorbenen Holländers verwandelt sich unscheinbares Grün in ein von Seen, Kaskaden, Bächen und Schwimmteichen durchzogenes Terrain, das dem Besitzer schon ein sehr intensives Verhältnis zum nassen Element abverlangt. Solche Gartenbesitzer sind Renate und Klaus Meinhard.

Als die Meinhards vor 26 Jahren von Bonn in ihr neues Haus im ostfriesischen Ostrhauderfehn zogen, geschah dies nicht zuletzt wegen der Aussicht, den Teich hinter ihrem Grundstück nutzen zu können. Das Problem war, dass der Teich nicht zu ihrem Anwesen gehörte und bald verkauft wurde.

Blick bis zum Horizont

Die Enttäuschung war groß. Schließlich entschloss sich das Paar zur Anlage einer großzügig bemessenen Wasserzone im eigenen Grün und beauftragte Henk Weijers. Der zögerte nicht lange und zauberte den Meinhards eine regelrechte Seenplatte aufs Grundstück. Drei Teiche

◀ Vom Steg aus schweift der Blick über den kleinen Teich hin zu dem Schwimmteich, der durch die üppige Uferbepflanzung nicht direkt einsehbar ist.

Über einen Bachlauf rinnt ein kleiner Wasserfall über flache Schieferplatten in schmalen Fäden in den kleinen Naturteich.

Meinhards jedoch für einen Kompromiss. »Das Wasser sollte in diesem Bereich sauber sein«, sagt Klaus Meinhard. So wurde eine Filteranlage eingebaut und das Wasser leicht gechlort. Rohrkolben und Binsen, die an einigen Uferpartien wachsen, scheinen das bisschen Chemie zu tolerieren.

Und Blumenbeete? Ja, die gibt es auch in diesem Garten. In all den eleganten Tönen von Weiß über Rosé bis zu Violett und Blau blüht es an der Terrasse, zwischen den Teichen und im hinteren Bereich des Grundstücks. Nichtsdestoweniger spielt Wasser hier ganz klar die Hauptrolle. Und dieser Part wird weiter ausgebaut. Inzwischen konnten Meinhards doch noch das Terrain hinter ihrem Grundstück kaufen. Der Teich, vormals ein Fischweiher, wird renaturiert, die Sichtachse erweitert. »Inzwischen«, so Klaus Meinhard, »schauen wir vom Haus bis zum Horizont.«

stehen dabei im Mittelpunkt, von denen zwei naturnah gestaltet sind. Ein Holzsteg trennt die Wasserflächen und dient gleichzeitig als Sichtachse zum hinteren Teil des Gartens, wo ein formaler Schwimmteich zu sommerlichem Badevergnügen lockt. Die drei Teiche sind klar voneinander getrennt. Dennoch entsteht das Gefühl, dass alle ineinander übergehen und sich zu einer einzigen großen, zusammenhängenden Wasserwelt verbinden. Die Wirkung ist faszinierend. Vor allem auf dem Steg

gewinnt man mehr und mehr das Gefühl, über dem Wasser zu wandeln. Beim weiteren Rundgang offenbart sich dann noch eine zusätzliche Attraktion. Vom größeren der beiden Naturteiche aus verläuft am hinteren Ende ein 4 m langer Bach, der sich als Wasserfall in den kleineren Teich ergießt.

Im Großen und Ganzen ist dieser Wassergarten ein recht naturbelassenes Idyll mit üppiger Uferbepflanzung und mannigfacher Fauna. Beim Schwimmteich entschieden sich

Grüne Fakten

Größe: Der von Henk Weijers gestaltete Teil misst 1200 qm. Der Garten insgesamt ein Hektar

Zeit zum Einwachsen: Der Garten sah bereits nach einem Jahr gut aus.

Pflegebedarf: Im Frühling und Herbst gibt es größere Reinigungsaktionen. Ansonsten arbeiten die Besitzer zehn bis zwölf Stunden pro Woche vor allem in den Staudenrabatten des Gartens.

EXTRA: Technik für Teich und Bachlauf

Die wenigsten Gartenbesitzer haben das Glück, einen natürlichen Weiher mit einem gleichbleibenden Grundwasserspiegel auf ihrem Grundstück vorzufinden. Die meisten von uns müssen einen Teich erst anlegen, das heißt, eine Grube in der gewünschten Form und Größe ausheben und eine Abdichtung nach unten schaffen, damit das Wasser nicht einfach ins Erdreich sickert. Die naturgemäßeste Variante wäre eine dicke Schicht aus Ton, die auf jeden Fall

vom Fachmann angelegt werden sollte. Das macht die Sache teuer. Preiswerter ist eine Abdichtung mit Teichfolie. Die Folien, die überwiegend aus PVC bestehen, gibt es in Stärken von 0,5 bis 2,0 mm. Mit einer auf die Folie gehäuften Schicht aus Sand, Kies oder flachen Steinen sieht das Endergebnis ebenso natürlich aus wie die Abdichtung mit Ton.

Der Übergang vom Wasser zum Land sollte bei einem Naturteich fließend sein, das heißt, vom tiefsten

Punkt geht es über den Flachwasserbereich hin zur sumpfigen Uferzone. Daran schließt sich ein feuchter Bereich an, der dann gemächlich in trockenes Erdreich übergeht. Für kleine Gärten empfehlen sich bereits fertig geformte Kunststoffbecken, die man selbst im Garten einbauen kann. Sie weisen oft vorgeformte Stufen auf, die unterschiedliche Wasserzonen simulieren, sodass auch hier Pflanzen angesiedelt werden können. Diese vorgeformten Becken gibt es

Bei einem Springbrunnen oder Sprudelstein ist die elektrische Pumpe in einer Wanne verborgen, die mit einem Gitter und mit Steinen abgedeckt wird.

▲ Bei einem durchgängig gemauerten Becken kommt es auf eine exakte Verschalung an. Körbe hindern die Seerosen hier am Wuchern.

▲ Bei der Kombination aus Mauerwerk und Folie werden nur die Seitenwände errichtet. Die Folienkante wird unter der Beckenumgrenzung versteckt.

Um Wasserverluste zu vermeiden, trennt die am Teichrand senkrecht aufgestellte Folienkante Wasser und Sumpfzone vom umgebenden Erdreich.

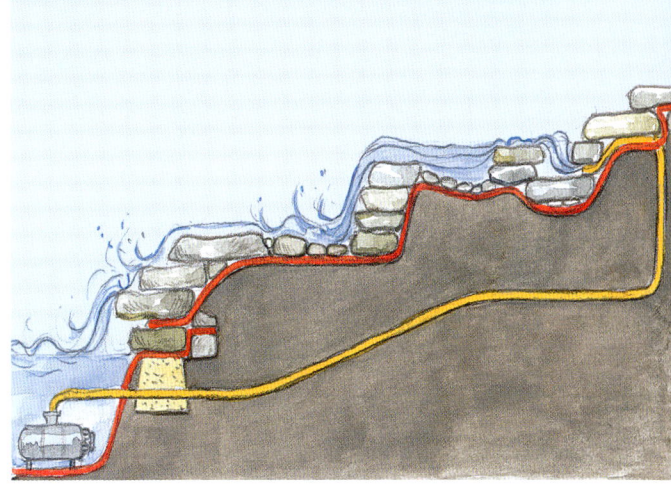

Beim Bachlauf befördert eine Unterwasserpumpe das Wasser durch die Schlauchleitung zurück zur Quelle. Die Folie wird von Kieseln verdeckt.

auch für formale Wasseranlagen. Sie sind relativ unaufwendig zu installieren, da man sie einfach in eine zuvor ausgehobene Grube in Form des Beckens einlässt.

Eine andere Möglichkeit ist, das Becken zu mauern. Dabei kommt es vor allem auf eine solide, wasserdichte Verschalung an, die so exakt meist nur versierte Maurer hinbekommen. Einfacher ist es, nur die Seitenwände zu bauen und den Teich mit Folie abzudichten.

Pumpen für fließendes und sprudelndes Nass

Ein bisschen mehr Technik ist bei fließenden oder sprudelnden Wasserelementen im Spiel. Für einen Bachlauf oder eine Kaskade muss der Boden ein Gefälle aufweisen, und man benötigt, ebenso wie beim Springbrunnen oder einem Sprudelstein, eine Pumpe. Auch bei der Anlage eines Baches kann man mit vorgefertigten Bauelementen arbeiten. Mit Teichfolien und Natursteinen lassen sich aber individuellere Anlagen mit unterschiedlichen Breiten

gestalten. Am unteren Ende des Baches sollte ein Wasserreservoir, im Idealfall ein Teich, angelegt werden, von dessen tiefstem Punkt aus das Wasser dann mit einer Pumpe wieder bergauf zu einer künstlichen Quelle befördert wird. Von dort aus fließt es dann wieder den Bach hinunter. Im Handel werden unterschiedlich große Pumpen angeboten. Die Größe richtet sich nach dem Gefälle, der Form des Bachbettes und der zu befördernden Wassermenge.

Bei Springbrunnen und Sprudelsteinen kann man ebenfalls auf vorgefertigte Elemente zurückgreifen. In Gartencentern gibt es Sets mit einer

elektrischen Pumpe, aufgesetzter Düse und fertig montiertem Kabel mit Stecker zu kaufen, die man einfach in ein Becken mit Wasser stellt und anschließt. Mit Hilfe eines Durchflussreglers lässt sich die Höhe der Fontäne bestimmen. Bei Sprudelsteinen gibt es Varianten vom Mühlstein bis zum Findling. Alle müssen in der Mitte eine Öffnung aufweisen, durch die das Wasser gepumpt wird. Das Reservoir wird mit einem Metallgitter abgedeckt. Mit hübschen Kieselsteinen in verschiedenen Größen lässt sich das Gitter kaschieren. So kann das Wasser sanft über die Steine wieder in das Becken plätschern.

Kiesgärten –
Opulenz und Weite

Blütenreich auf kargem Grund

Als pflegeleichter und edel aussehender Belag für Gartenwege und Auffahrten wird Kies seit Jahrhunderten geschätzt. In jüngster Zeit jedoch schaufeln innovative Gärtner ihn gleich kübelweise direkt ins Beet, denn im modernen Garten fungiert Kies als Oberflächenbelag in den Rabatten und immer häufiger auch als Rasenersatz. Vor allem auf mageren Böden in voller Sonne sind Kiesgärten eine Chance für blühende Landschaften, denn die Bepflanzung besteht aus trockenheitsresistenten Gewächsen, die lange Zeit auch bei größerer Hitze ohne zu wässern überleben können. Darüber hinaus dient Kies als Verdunstungsschutz, sodass die Feuchtigkeit den Gewächsen länger zur Verfügung steht.

Vorreiter für den neuen Stil waren einmal mehr die Engländer. Beth Chatto, eine der bekanntesten Gärtnerinnen Großbritanniens, sorgte Anfang der 90er-Jahre des vergangenen Jahrhunderts für Aufsehen, als sie auf ihrem Anwesen im Osten Englands einen Kiesgarten anlegte (siehe Seite 70). Und auch der britische Landschaftsarchitekt und Autor John Brookes, ebenfalls eine Größe im Olymp der grünen Zunft, experimentiert in seinem Anwesen »Denmans« in West-Sussex seit Langem mit Kiesbeeten. In den Beeten, in denen er Kies als Mulch einsetzt, siedeln sich in der staubfeinen Erde zwischen den Steinen unweigerlich Wildkräuter an. Es sind diese eher zufällig entstehenden Pflanzungen, die Kies für Brookes als Oberflächenmaterial so reizvoll machen.

Ein Modell in Zeiten des Klimawandels

Kiesgärten können hinreißend aussehen: naturhaft und opulent, voller Farben und Formen und sogar dramatisch und äußerst exotisch. Und ganz sicher wurde diese relativ neue Gartenmode von den derzeit ebenfalls so angesagten Steppen- und Präriepflanzungen inspiriert; eine Gestaltungsmethode, die, ähnlich wie Konzepte mit Kies, weniger von in Szene gesetzten Einzelgewächsen als von freieren Pflanzengemeinschaften geprägt ist. Darüber hinaus jedoch ist das Interesse an Kiesgärten vor allem auch der neuen ökologischen Situation geschuldet, mit der wir uns konfrontiert sehen. In Zeiten des Klimawandels, in denen es zumindest in einigen Gebieten Europas deutlich trockenere, heißere Sommer geben wird, sind große Rasenflächen und auf regelmäßige Wassergaben angewiesene gemischte Rabatten ökologisch kaum mehr zu rechtfertigen. Wasser wird in den kommenden Jahrzehnten ein noch kostbareres Gut werden.

Kiesgärten sind also vor allem wegen des niedrigen Bedarfs an lebenswichtigen Ressourcen ein zukunftsweisendes Gartenmodell. Mit Verzicht haben sie dennoch nichts zu tun, auch wenn beliebte Blumen wie Rittersporn, Phlox, Astern oder Dahlien weder zum Stil noch zum Standort passen. Andererseits gedeiht im Kiesgarten eine Fülle von Pflanzen, die seit eh und je in unseren Gärten wachsen: Im Frühling viele Zwiebelblumen wie Schneeglöckchen (*Galanthus*), Zierlauch (*Allium*) und Wildtulpen (*Tulipa sylvestris*) und später im Jahr Stauden wie Katzenminze (*Nepeta*), Königskerze (*Verbascum*) oder Fette Henne (*Sedum*). Im Hochsommer gesellen sich Einjährige und Gräser hinzu und zwischen all den Blühern sorgen Gehölze für Höhe und Struktur. Sogar manche Rose kommt im Kiesgarten zurecht, etwa die als Dünenrose bekannte *Rosa pimpinellifolia* sowie *Rosa glauca*, die in den bergigen Regionen Südeuropas zu Hause ist.

◀ Wegen des hellen Belags und der auf Trockenheit spezialisierten Pflanzen verbreiten Kiesgärten automatisch mediterrane Stimmung. Mit einer Pergola kann die südliche Anmutung noch verstärkt hervorgehoben werden.

Urlaubsstimmung rund ums Jahr

Trotz der abwechslungsreichen Bepflanzung, die ein Kiesgarten aufweisen kann, ist er in seinem Wesen doch eher von ruhiger Ausstrahlungskraft. Zwar bildet Kies in seinen weiß-grauen Tönen nicht nur einen ästhetisch befriedigenden Oberflächenbelag, sondern auch einen harmonischen Hintergrund für Pflanzen mit kräftigen Farben und ausgeprägten Formen, in der Regel sind die

Töne im Kiesgarten jedoch eher von der sanften Art. Immergrüne Formschnittgehölze, ausdrucksstarke Stauden und Gräser bilden auch im Kiesgarten ein gutes Gerüst, das in jeder Jahreszeit überzeugt und der Anlage Haltung und Struktur verleiht. Inmitten dieser konstanten Kulisse steuern dann Zwiebelblumen und Sommerblumen weitere Farbtupfer bei.

Zu der ganzjährigen mediterranen Anmutung, die Kiesgärten verbreiten, tragen Pflanzen bei, die an den kargen Hängen des Mittelmeeres unter ähnlichen Bedingungen leben und sich im Kiesgarten aufgrund der merklich höheren Temperaturen über den wärmespeichernden Steinen buchstäblich wie zu Hause fühlen. Viele graulaubige Gewächse wie Wollziest *(Stachys byzantina)*, Salbei *(Salvia officinalis)*, Lavendel *(Lavandula)* oder Heiligenkraut *(Santolina)* wissen dieses Binnenklima zu schätzen und verbreiten durch Habitus, Farbe und Duft Urlaubsstimmung. Gerade grau- und silberlaubige Pflanzen sind auch nach heißen Sommerwochen noch bestens gefeit gegen Trockenheit. Ihre mal filzigen, mal wächsernen Überzüge schützen die dünnen Blätter vor Sonnenbrand und übermäßigem Wasserverlust. Andere typische Kiesgartengewächse bilden ein langes Wurzelsystem aus, mit dem sie sich aus Wasserdepots in tieferen Lagen versorgen können.

Ein Garten wie eine Flusslandschaft

Durch den gleichmäßigen, hellgrauen Belag vermitteln Kiesgärten stets Weite, Ruhe und Gleichmaß. Es

◄ Selbst winzige Flächen profitieren von Kies, der hier traditionell als Belag eingesetzt wurde und dem Wasserelement eine erlesene Basis verschafft.

empfiehlt sich, einen Kiesgarten wie eine Flusslandschaft anzulegen, in dem der Kies wie das Wasser um frei gestaltete Blüteninseln verläuft. Die Fläche sollte offen und sonnig sein. Kiesgärten sind daher auch eine kostensparende Lösung für Pflanzenfreunde, die gerade ein Haus gebaut haben und deren Garten anfangs ohnehin hauptsächlich aus verdichteten Flächen und viel Geröll besteht. Auf solch unwirtlichem Grund lässt sich ein Kiesgarten ohne großen Aufwand realisieren.

Wer mit humusreichem, leicht lehmigem Boden und einer reichhaltigen Niederschlagsmenge gesegnet ist, sollte es sich indes verkneifen, sein Grün komplett in einen Kiesgar-

ten zu verwandeln. Den für den Gartentyp charakteristischen floralen Hunger- künstlern aus den Gebirgen und von den kargen Hängen des Mittelmeerraums würde der Standort wenig behagen. Wer dennoch nicht auf das Experiment mit einer Anlage aus Stein und Pflanzen verzichten möchte, kann eine kleine Fläche mit Kies auslegen und abwarten, welche Pflanzen sich von allein ansiedeln.

Eine weitere Möglichkeit ist der Bau einer Trockenmauer. Das empfiehlt sich vor allem, wenn das Grundstück Höhenunterschiede aufweist und eine Terrassierung des Geländes nötig wird. Fängt man den Hang mit einer Trockenmauer ab, kann man sich gleichzeitig und platz-

Wie ein Fluss zieht sich das Band aus grobkörnigem Kies an der sehr natürlich wirkenden Pflanzung aus trockenheitsverträglichen Stauden vorbei.

Urlaubsstimmung pur vermittelt die Kombination von Stein und Wasser. Eine Trockenmauer fängt hier den Hang zum Swimmingpool ab.

sparend ein kleines Stück Natur in den Garten holen. Da eine Trockenmauer nicht durch Mörtel zusammengehalten wird, sondern ihre Stabilität aus einem soliden Fugenverband bezieht, werden sich in den Ritzen nach und nach Pflanzen ansiedeln. Man kann auch ein wenig nachhelfen und ein paar Standortspezialisten wie Hauswurz (Sempervivum), Gänsekresse (Arabis alpina) oder Feld-Thymian (Thymus serpyllum) in die mit sehr wenig magerer Erde gefüllten Fugen pflanzen. Spalten und Ritzen in der Mauer sind übrigens durchaus gewünscht, damit sich Eidechsen, Blindschleichen, Kröten, Hummeln und Wildbienen wohlfühlen. Ihnen allen bietet eine Trockenmauer wertvollen Lebensraum.

Offen, luftig und modern

Kein Rasen! Das stand für Anke Hippe-Schuster fest, als sie vor acht Jahren ihren Garten hinter dem gerade bezogenen Haus im ostwestfälischen Enger anlegte. Das Haus war ein Neubau, errichtet nach ökologischen Gesichtspunkten mit Sonnenkollektoren und viel Glas. »Diese offene, luftige, sehr moderne Anmutung des Gebäudes verlangte einfach nach einem ebensolchen Garten«, sagt Anke Hippe-Schuster.

Von Kiesgärten hatte die Lehrerin gehört. Kurz vor der Anlage ihres eigenen Grüns besuchte sie mit ihrem Mann Andreas auf einer Englandreise Beth Chattos berühmten Kiesgarten in der Grafschaft Essex und war hingerissen. »Ich hatte immer schon ein großes Faible für Wasserflächen und für Schotterplätze«, sagt die studierte Biologin.

In ihrem Garten konnte sie beide Vorlieben verbinden. Ein großer Teil der Anlage wird heute von einem Naturteich bestimmt, etwa ein Drittel des Terrains wurde als Kiesgarten gestaltet. Dieser Teil ist mehr oder weniger um einige ausdrucksstarke Findlinge entstanden, die bei Bauarbeiten an einer Umgehungsstraße direkt vor dem Haus der Schusters angefallen waren. Die Relikte aus der Eiszeit wurden mit Bedacht platziert und sorgen für Struktur im Garten und eine Auflockerung der weitläufigen Kiesfläche.

Steine statt Rasen

Denn auf Beete im eigentlichen Sinn wurde verzichtet. Wegwarte, Karden, Königskerzen und Gräser dürfen sich jedoch auf dem gesamten Gelände zwischen dem hellen Weserkies ausbreiten; unter den wachsamen Augen der Gärtnerin, versteht sich. »Ich möchte einen naturnahen Garten haben, der auch Tieren etwas zu bieten hat«, sagt Anke Hippe-Schuster. Ein bisschen wild darf es daher in ihrem Grün schon zugehen, aber in Maßen. »Ich versuche, meine Vorstellungen von Naturnähe mit meinen ästhetischen Ansprüchen zu verbinden«, sagt sie. Wildstauden mag sie, aber die meisten sind ihr zu wenig ausdrucksstark.

◄ Zwischen Findlingen und Kies wachsen Gräser, blaue Wegwarte *(Cichorium intybus)* und gelbe Nachtkerze *(Oenothera biennis)*.

Ein Mix aus verschiedenen Mittelmeergewächsen wie Rosmarin und Heiligenkraut *(Santolina)* verbindet den Garten mit Terrasse und Wintergarten, in dem ebenfalls mediterrane Pflanzen gedeihen.

Und die ruhige, gleichmäßige Oberfläche von Kies bietet schließlich auch die Möglichkeit, mit Pflanzen in schillernden, kräftigen Farben zu gestalten, ohne dass alles in schrille Buntheit abgleitet. Schafgarben *(Achillea)* und Nachtkerzen in hellem Gelb, lilafarbenes Brandkraut *(Phlomis)*, blauer Natternkopf *(Echium vulgare)* und violette Agastachen vereinen sich in Anke Hippe-Schusters Garten zu einem prächtigen Blütenbild.

Die wilden Vertreter Floras finden dennoch dann und wann ein Plätzchen auf dem steinigen Terrain. Nach einem anstrengenden Schultag empfindet Anke Hippe-Schuster es als sehr entspannend, ihren Garten nach Sämlingen abzusuchen, die immer wieder mal in dem Mutterboden unter der 3 cm dicken Kiesschicht Wurzeln geschlagen haben. Dann hockt sie auf den Steinen und wägt ab, welche der kleinen Gewächse bleiben dürfen und welche sie entfernt. »Ich beschäftige mich gern mit Pflanzen«, sagt sie. Und diese etwas fitzelige Ameisenarbeit mache sie nun mal weitaus lieber als Rasen zu mähen. »Ein Garten macht ja immer Arbeit«, sagt Anke Hippe-Schuster. »Man sollte sich daher überlegen, welche Gartenarbeit einem Freude macht und welche nicht.«

Grüne Fakten

Größe: Gesamter Garten 1 000 qm, der Kiesgarten allein 300 qm.

Zeit zum Einwachsen: Nach fünf Jahren hatte der Garten sein jetziges Gesicht.

Pflegebedarf: Die meiste Arbeit fällt im Mai an. Dann muss der Garten verstärkt nach Sämlingen abgesucht werden. Ansonsten verbringt Anke Hippe-Schuster im Schnitt zwei Stunden pro Woche im Garten.

Rund ums Haus zieht sich ein Wall aus Steinen, zwischen denen rosafarbene Steppenkerze *(Eremurus)*, violetter Salbei, Nelken und Heiligenkraut wachsen.

Vorbild Felssteppe

Südhanglage, verdichteter Boden, wenig Niederschläge und heiße, trockene Sommerwinde: Martina Zimmers Experimente mit Kies und Stei- nen im Garten waren vor allem den widrigen Umständen geschuldet. Ihr Zuhause Schöndorf, ein zu Weimar gehörender Flecken im äußer-

sten Nordosten der Stadt, liegt auf einem Hügel. »Selbst wenn es in Weimar schüttet, bekommen wir hier oben oft nur ein paar Tropfen Regen«, erklärt Martina Zimmer die klimatische Situation. Einen Garten gab es zudem nicht. Das Gelände um das neu erworbene Haus gehörte zu

einer alten Sattlerwerkstatt, die Erde war karg. »Hier etwas zum Wachsen zu bringen, erschien auf den ersten Blick ziemlich unwahrscheinlich«, so Martina Zimmer.

Auf der Habenseite jedoch gab es Kies, Geröll und vor allem jede Menge Feldsteine, die bei der Sanierung des Hauses angefallen waren. Martina Zimmer, seit jeher Befürworterin einer standortgerechten Pflanzenverwendung, war rasch klar, dass dies kein Ort für großblütige Prachtstauden ist, sondern für robuste, trockenheitsresistente Gewächse, die darüber hinaus mit den oft strengen Wintern der Region klarkommen müssen.

Steine als Frostschutz

Die Entscheidung für einen Kies- und Steingarten fiel Martina Zimmer indes nicht schwer. Schon immer hatte sie eine Vorliebe für zarte, grazile Blüten mit Wildcharakter, wie sie den Asketen Floras eigen sind. Lavendel, Dachwurz *(Sempervivum)*, Wiesen-Salbei *(Salvia pratensis)*, Junkerlilie *(Asphodeline lutea)*, Artemisien und Perovskien fühlen sich in den Aussparungen der rund ums Haus angelegten Feldsteinmauern und zwischen Kieseln wohl. »Mein Projekt Felssteppe« nennt Martina Zimmer ein bisschen ironisch ihre Trockenlandschaft, in der es im Sommer mindestens genauso üppig grünt und blüht wie in Gärten, in denen günstigere Boden- und Klimaverhältnisse herrschen.

Darüber hinaus ist der Garten überaus genügsam und muss selbst

Silberlaubige Artemisien teilen sich den Platz in den Fugen mit dunkelviolett blühender Purpur-Königskerze (Verbascum phoeniceum).

Gelbe Schafgarbe (Achillea taygetea) blüht zusammen mit Schnittlauch und einem der Gärtnerin unbekannten blauvioletten Sämling.

in den immer heißer werdenden ostdeutschen Sommermonaten kaum gegossen werden. »Die Steine kompensieren viel«, erklärt Martina Zimmer. Sie vermindern die Wasserverdunstung, speichern Wärme, mildern die Temperaturunterschiede zwischen Tag und Nacht und leisten sogar einen gewissen Winterschutz. Diese Effizienz ist es letztendlich, die Martina Zimmer an ihrem Garten besonders schätzt.

Dazu gehört auch, dass sich viele ihrer Pflanzen bereitwillig aussamen oder, wie beispielsweise die Dachwurz, Tochterrosetten bilden. Manche mögen's eben heiß. Die Ableger zieht die Kunsthandwerkerin dann geduldig zu kräftigen Pflanzen heran, mit denen sie ihren Garten dann Stück für Stück vergrößert: »So

trägt sich der Garten mehr oder weniger selbst.«

Martina Zimmer beobachtet das Geschehen in ihren Trockenbeeten sehr genau, registriert, was gut gedeiht und was eher nicht. Und sie hat Geduld mit ihrem Garten. »Manchmal muss man den Pflanzen eben ein bisschen Zeit geben, um sich einzugewöhnen.« Kommt eine Pflanze mit den Standortbedingungen jedoch auf Dauer nicht zurecht, wird sie entfernt. „Man sollte schon wissen, was wo unter welchen Bedingungen wächst«, sagt Martina Zimmer. »Ich liebe zum Beispiel Rhododendren, aber die würden auf diesem trockenen Kalkboden ja gar nicht wachsen.« So spezialisiert sie sich eben auf ihre anmutigen Hungerkünstler und achtet auch darauf, dass sie in erster

Linie ungefüllte Sorten kultiviert, »damit auch die Bienen etwas von meinem Garten haben.«

Grüne Fakten

Größe: 300 qm kultiviert, weitere 470 qm werden noch angelegt.

Zeit zum Einwachsen: Der Garten entstand nach und nach und ist immer noch im Werden. Bis die ersten Pflanzen sich zwischen den Steinen eingerichtet hatten, vergingen nur vier Monate.

Pflegebedarf: Vor allem im Frühjahr muss der Garten ausgeputzt und gejätet werden. Ansonsten beschränkt sich die Arbeit auf zwölf Wochenstunden.

EXTRA: Beth Chattos steinige Alternative

Die britische Gartengestalterin und Autorin Beth Chatto gilt in England als die bedeutendste Verfechterin einer nach Lebensbereichen ausgerichteten Pflanzenverwendung. Schon zu Beginn der 1990er-Jahre, als die meisten von uns das Wort Klimawandel gerade mal zu buchstabieren begannen, mahnte Chatto einen ressourceschonenden Gartenstil für trockene Zeiten an. Irgendwann, so ihre Auffassung, werde Wasser ein zu kostbares Gut, um es für das tägliche Gießen des Rasens und aufwendig gestaltete Rabatten zu verwenden. In ihrem ohnehin für seine trockenen, heißen Sommer bekannten Zuhause in Essex, im Osten Englands, wagte sie vor zwanzig Jahren das Experiment, einen Kiesgarten anzulegen mit Pflanzen, die der globalen Erwärmung ohne regelmäßiges Wäs-

sern standhalten. Seinerzeit galt es, den ehemaligen Besucherparkplatz ihrer Gärtnerei in einen Garten zu verwandeln. Der Boden, den sie auf dem Gelände vorfand, war an Unwirtlichkeit kaum zu überbieten: eine seit 25 Jahren von zahllosen Autos verdichtete Fläche aus struppigem Gras, die unter einer dünnen Schicht Erde vor allem aus gelbem Sand bestand.

Chatto machte aus der Not eine Tugend. Rasen, so meinte sie, würde bei den geringen Niederschlägen und den austrocknenden Winden ihrer Heimat im Sommer wie Toast geröstet. »Anstelle von Gras wollte ich lieber dekorative Pflanzen verwenden, die an so karge Bedingungen angepasst waren«, notierte sie damals in ihrem Buch »Der Kiesgarten«. Trockenheitsverträgliche Gewächse hatte sie seit vierzig Jahren in ihrer Gärtnerei gezogen und dabei festgestellt, dass erstaunlich viele der schönsten und beliebtesten Arten regelmäßige Trockenheitsperioden ganz gut überstehen. Dennoch gab sie ihnen in dem neuen Garten als gute Startbedingung eine dicke Schicht Kompost, Pilzsubstrat und Asche mit auf den Weg. Eine gut behütete Kindheit macht eben auch Pflanzen stark für die Widrigkeiten des Lebens.

◀ Hoch aufragende Königskerzen und gelbgrüne Palisaden-Wolfsmilch *(Euphorbia characias)*, prägen Beth Chattos Garten im Frühsommer.

Wie ein breites Flussbett umgeben die Kiesflächen die dicht bewachsenen Beete, die wie Inseln im Strom daliegen.

So entspannt sieht man Beth Chatto selten. Meist werkelt sie in ihrem Grün oder schreibt an einem neuen Gartenbuch.

Einer der spannendsten Gärten Englands

Auf geschwungenen Beeten, die wie Inseln in der einem getrocknetem Flussbett nachempfundenen Kiesfläche liegen, schuf sie anschließend ihre opulenten Pflanzenbilder von einer schier unglaublichen Fülle und Mannigfaltigkeit. Lenzrosen *(Helleborus)* und Zwiebelblumen wie Fritillarien und Wildtulpen sind zusammen mit den bis in den Sommer blühenden Euphorbien die Stars im Frühling. Später im Jahr setzen verschiedene Arten des Zierlauchs *(Allium)*, gelbe Schafgarbe *(Achillea)*, Katzenminze *(Nepeta)* und Königskerze *(Verbascum)* Akzente. Mediterrane Hungerkünstler wie Lavendel *(Lavandula)*, Salbei *(Salvia)* und Heiligenkraut *(Santolina)* steuern Mittelmeerduft bei. Im Hochsommer dann kontrastieren filigrane Gräser auf aufsehenerregende Weise mit dem ledrigen Laub der von der Gärtnerin heiß geliebten Bergenien. Und allgegenwärtig: Fetthenne *(Sedum),* in vielen unterschiedlichen Formen.

Wenige Gehölze wie etwa Felsenbirne *(Amelanchier lamarckii)*, Wacholder *(Juniperus)* und Esche *(Fraxinus angustifolia)* sorgen für Höhe.

Mit diesen an Farben und Formen fein abgestimmten Kompositionen schuf Beth Chatto einen der spannendsten und reizvollsten Gärten Englands. Einen Garten, dem sie nach wie vor ohne Wenn und Aber abverlangt, ohne zusätzliche Wassergaben auszukommen. Einige Male wäre sie diesem Entschluss beinahe untreu geworden. In den heißen Sommermonaten der Jahre 1995 bis 1997, mit ungewöhnlich hohen Temperaturen und kaum einem Tropfen Regen, sahen ihre Pflanzen erschöpft aus. In »Der Kiesgarten« beschreibt Chatto, dass sie förmlich mit ihren Pflanzen welkte. Sie hielt jedoch durch, da ansonsten schließlich all ihre Anstrengungen umsonst gewesen wären – und wurde belohnt: Nach einem ergiebigen Regen im August trieben die zuvor merklich leidenden Pflanzen allesamt wieder frisches Grün. »Die Durststrecke war überstanden«, notierte sie damals. »Das Ergebnis: ein Wunder.«

TIPP   **Schöne Kiesgärten**

❀ **Beth Chatto Gardens,** Gärtnerei und Schaugärten der bekannten britischen Kiesgärtnerin; Elmstead Market in Colchester, Grafschaft Essex; www.bethchatto.co.uk

❀ **Denmans,** Garten des britischen Autors und Landschaftsarchitekten John Brookes; bei Arundel, Grafschaft Sussex; www.denmans-garden.co.uk

❀ **Hortvs,** Kiesgarten des Gestalters und Autors Peter Janke, eines der profiliertesten Vertreter neuen deutschen Gartendesigns; Hochdahler Straße 350, 40724 Hilden; www.peter-janke-gartenkonzepte.de

Gräsergärten – Triumph der Ursprünglichkeit

Das Gefühl von Freiheit und Weite

Kaum eine Gestaltungsidee hat in den vergangenen Jahren für so viel Furore gesorgt wie Pflanzungen mit Gräsern. Haben wir Gräser in der Vergangenheit fast ausschließlich in geschorenem Zustand in Form von Rasen gewürdigt, sehen wir sie plötzlich als unverzichtbaren Bestandteil in den Rabatten, als Strukturgeber und verbindendes Element zwischen den Blütenstauden, die meist ebenso naturhaft daherkommen wie sie selbst. Vielleicht liegt es an dem Eindruck einer immer technologisierteren und trotz Globalisierung immer enger werdenden Welt, dass wir mit einem Mal dieses große Bedürfnis haben nach Weite, Freiheit und Natürlichkeit, das Gräser stets vermitteln.

Darüber hinaus begleiten und nähren sie uns seit Urzeiten als Gerste, Weizen, Hafer, Hirse und Reis. Wir alle haben irgendwann Bekanntschaft mit Gräsern gemacht. Ob wir nun als Kind durch hüfthohe Wiesen geschweift sind, auf dem Sportrasen Fußball gespielt haben oder beim Urlaub auf dem Bauernhof in duftendem Heu übernachteten: Gräser sind allgegenwärtig, vermutlich die bekanntesten Pflanzen schlechthin, und es ist fast schon ein bisschen

verwunderlich, dass wir sie erst in jüngerer Zeit in ihrem gesamten Habitus so richtig erfasst und für unsere Gärten entdeckt haben. Gräser erfüllen nämlich nicht allein eine ästhetische Funktion. Vielleicht weil sie uns so vertraut sind, rufen sie Stimmungen wach, wecken Erinnerungen und fördern in ihrer ursprünglichen Authentizität sicherlich auch ein tieferes Bewusstsein für die Natur.

Spezialisten für alle Lebenslagen

Dabei ist es ein Irrtum, dass Gräser ausschließlich auf großen, freiliegenden Flächen gedeihen und gut aussehen. Da verbinden wir sie immer noch zu sehr mit den unendlichen Prärielandschaften Nordamerikas, die wir aus Westernfilmen so gut kennen. Dabei sind Gräser überall auf der Welt zu Hause. Sie verstehen es, sich an vielerlei Bedingungen anzupassen. Da sie eine große Menge Samen hervorbringen, die vom Wind in alle Himmelsrichtungen getragen werden, sind sie stets die Ersten, die einen neuen Lebensraum besiedeln. Auf diese Weise haben sie als erfolgreiche Pionierpflanzen eine Vielzahl

von hoch spezialisierten Arten ausgebildet, die sich selbst unter extremen Umweltbedingungen gut zu behaupten wissen.

Gerade wegen dieser Anpassungsfähigkeit existiert heute eine riesige Auswahl vieler verschiedener Ziergrasarten und unzählige Möglichkeiten, mit ihnen zu gestalten. Es gibt Gräser für Wiesen und für Schattenpflanzungen, für Wegränder und als Sichtschutz, für das Teichufer und für die Kultur in Gefäßen. Manche Gräser sind einjährig, andere immergrün und warten sogar mit einer eindrucksvollen Wintersilhouette auf. Einige Arten machen sich gut als Bodendecker, andere setzen Akzente als Solitär. Und so ist eigentlich keine Gartensituation denkbar, in der Gräser völlig fehl am Platze wären.

Reine Gräserpflanzungen wird man jenseits Botanischer Gärten und großer öffentlicher Anlagen indes selten finden. Trotz ihrer Mannigfaltigkeit weisen doch alle Gräser insgesamt ein ähnliches lineares und rispenblütiges Erscheinungsbild auf. Dies kann großflächig gepflanzt oder eben in einer natürlichen Prärie- oder Steppenlandschaft überwältigend aussehen, im Reihenhausgarten wirkt es schnell eintönig. Und in der Rabatte kommen Gräser erst wirklich zur Geltung, wenn man sie mit anderen Pflanzen kombiniert.

◀ Die spannende Kombination aus den Rispen des Chinaschilfs *(Miscanthus sinensis)* und den Körbchenblüten der Stauden-Sonnenblume *(Helianthus decapetalus)* in sattem Gelb macht den Herbstgarten zu einem Ereignis.

Gräser für alle Gartenlagen

Ziergräser sind im Garten so vielfältig einsetzbar wie kaum eine andere Pflanzengruppe. Sie können je nach Art beschwingte Leichtigkeit oder Struktur in eine Rabatte bringen und trotz ihrer filigranen Erscheinung als Rückgrat einer Pflanzung dienen. Gräser halten Disparates zusammen und stehlen, selbst wenn sie noch so mächtige Horste bilden, den Blütenpflanzen an ihrer Seite nie die Schau. Stehen sie in Reih und Glied, kann eine formale Wirkung entstehen, werden sie dagegen in unregelmäßigen Abständen gepflanzt, ist der Eindruck eher natürlich und romantisch.

Es ist im Prinzip keine Gartensituation denkbar, für die es nicht das geeignete Gras geben würde. So eignen sich Steppengräser wie etwa das Goldbartgras *(Sorghastrum nutans)* oder die Rutenhirse *(Panicum virgatum)* gut für sonnige, weitläufige Anlagen, in denen sie eine lichte, schleierartige Wirkung entfalten. Niedrig wachsender Bärenfellschwingel *(Festuca gautieri)* und Rasenschmiele *(Deschampsia cespitosa)* machen sich gut im Vordergrund einer Staudenrabatte oder als Wegsäumung. Die Waldmarbel *(Luzula sylvatica)* wiederum bildet selbst auf widrigem Grund, nämlich auf trockenen, schattigen Standorten unter hohen Bäumen, rasch üppige

Allium 'Globemaster' ist mit violetten Kugelblüten ein spannendes Pendant zu den hellgrünen Halmen des Riesenpfeifengrases (*Molina arundinacea* 'Windspiel').

Horste. Manche Arten wie das Nestkopfgras *(Sesleria nitida)* oder das Perlgras *(Melica nutans)* eignen sich als zuverlässige und robuste Bodendecker, während das Pfeifengras *(Molina)* mit seinem fontänenhaften Wuchs und den zarten, duftigen Blütenständen bestimmte Gartenpartien geheimnisvoll kaschiert. Feuchtigkeitsliebende Gräser mit überhängenden Halmen umspielen malerisch die Uferszenen an natürlich gestalteten Gartenteichen und verdecken die harten Ränder formaler Wasserbecken. Silberährengras *(Achnatherum calamagrostis)* und Japanwaldgras *(Hakonechloa macra)* eignen sich für diesen Zweck besonders gut. Das imposante Chinaschilf *(Miscanthus sinensis)* ist dagegen eine gute Wahl für einen verlässlichen Sichtschutz an einem vollsonnigen Standort und wirkt ebenso wie das bis zu 2,5 m hoch wachsende Pampasgras *(Cortaderia selloana)* auch prächtig als dekorativer Solitär.

Erst in Gemeinschaft sind sie stark

Im Beet entfalten die meisten Gräser ihre vollendete Schönheit und Anmut erst in Gesellschaft von farbenfroh blühenden und andersartig belaubten Gartenpflanzen. Nach dem Vorbild des holländischen Gartengestalters Piet Oudolf kombinieren wir

◀ Eine spätsommerliche Rabatte mit Lampenputzergras (vorn), Chinaschilf (hinten), Astern und Stauden-Sonnenblumen präsentiert sich in ruhigen Farben.

Gräser gern mit Stauden, die sich trotz aller züchterischen Verfeinerung noch ihren wildhaften Charakter bewahrt haben. Wir setzen sie zusammen mit doldigen Gewächsen wie Engelwurz *(Angelica gigas)* und Wiesenkerbel *(Anthriscus sylvestris)*, mit markanten Riesen wie Wasserdost *(Eupatorium maculatum)* und Alpen-Knöterich *(Polygonum alpinum)* oder mit Purpur-Sonnenhut *(Echinacea purpurea)*, Goldrute *(Solidago)* und Sonnenbraut *(Helenium)* in prächtigen Blütenfarben. Kleinere Bereiche profitieren hingegen von weniger Vielfalt. Ein oder zwei Blütenpflanzen wie Zierlauch *(Allium)* oder Sonnenhut *(Rudbeckia)* mit nur einer einzigen, dafür aber großzügig eingesetzten Grasart kombiniert, ergeben ein stimmigeres Bild als eine bunte Fülle verschiedener Gewächse.

Man muss aber nicht unbedingt diesem wildhaften Prärielook nacheifern, wenn man mit Gräsern gestal-

ten will. Auch im exotischeren Kontext sind Gräser gut einsetzbar. So spielt Bambus eine wichtige Rolle in asiatisch inspirierten Gärten und macht als mächtiger Blickfang auch in hiesigen Breiten mehr her als eine langweilige Konifere. In feuchten, halbschattigen Lagen bilden Blattschmuckstauden wie die Funkie *(Hosta)* sowie großlaubige Pflanzen wie das aus Fernost stammende Schaublatt *(Rodgersia)* oder das ebenso wuchtige Schildblatt *(Darmera peltata)* mit der feinen, niedrigwüchsigen Palmwedelsegge *(Carex muskin- gumensis)* oder dem Waldrispengras *(Poa chixii)* ausdrucksstarke Pflanzengesellschaften. Akzente setzen auch Kombinationen mit Palmlilien *(Yucca filamentosa)* und dem trockenheitsverträglichen Wimperperlgras *(Melica ciliata)*. Zwischen mar- kanten Gewächsen bilden Gräser in ihrer unaufdringlichen Art gleichsam das verbindende Element.

Im tiefen Licht der Herbstsonne entfaltet das Diamantgras *(Calamagrostis brachytricha)* seine ganze Schönheit. Kleinblütige Astern sind stimmige Begleiter.

Es ist wohltuend, im Hochsommer dem Wispern der Gräser im Wind zuzuhören. Gräser stehen ähnlich wie das Element Wasser im Garten für Lebendigkeit, für Natürlichkeit und für Dynamik. Selbst wer den Garten ausschließlich nach perfekt durchdachten Farbschemata komponiert, sollte über das eine oder andere Ziergras in der Rabatte nachdenken, denn Gräser zeigen auch dann noch Haltung, wenn die Blütenshow mancher Prachtstauden längst Geschichte ist. Im Herbst und Winter sorgen die großen, runden oder die streng aufrecht ragenden Grasformationen für architektonische Elemente im Garten. Im Frühling und Sommer lockern sie die kräftigen Farbarrangements der Blütenpflanzen auf und halten die Vielfalt mit ihrem einheitlichen Habitus zusammen. Aufgrund ihres langen Vegetationszyklus eignen sich Gräser generell bestens als Beetgenossen für Pflanzen, die nur relativ kurz in der Rabatte brillieren.

Farbenfrohe Kulisse für die Herbstflora

Aber auch wenn Gräser zu jeder Jahreszeit gut aussehen, bilden bei den meisten von ihnen der Spätsommer und der Herbst den Höhepunkt der Saison. Nach dem frischgrünen Austrieb im Frühling faszinieren sie im Sommer mit rispigen, federartigen oder ährengleichen Blütenständen. Der Flor kann außerordentlich attraktiv sein, ist aber bei den meisten Arten eher unauffällig. Schließlich werden Gräser vom Wind bestäubt und müssen keine wählerischen Insekten mit auffälligen Farben beeindrucken. Der eigentliche Grund unserer Liebe zu Gräsern ist ihre Formschönheit und das stets elegante Linienspiel der Blätter.

Dennoch warten viele Gräser im Herbst mit einem so eindrucksvollen Farbspektakel auf, dass dagegen manche sommerliche Staudenrabatte glatt verblasst. Viele Arten und Sorten entwickeln eine reichhaltige Palette von Gelb-, Orange-, Kupfer- und Bronzetönen. Favoriten sind hier einige Chinaschilfsorten *(Miscanthus sinensis* 'China', 'Flamingo', 'Roter Pfeil'*)* sowie die Rutenhirse *(Panicum virgatum).* In der schon tiefer stehenden Sonne glühen sie in warmen leuchtenden Tönen, bleiben indes gleichzeitig ihrem Image als Strukturgeber im Staudenbeet treu. Vor dieser großartigen und dennoch zurückhaltenden Kulisse haben dann die letzten Blüten des Jahres ihren großen Auftritt. Ob Astern, Staudensonnenblume *(Helianthus decapetalus)* oder Herbstanemone *(Anemone hupehensis),* Fetthenne *(Sedum telephium),* Silberkerze *(Cimicifuga simplex)* oder Eisenhut *(Aconitum carmichaelii)* – sie alle profitieren von der schmeichelnden Umrahmung der Gräser, die oft auch über goldene, sonnendurchflutete Herbsttage hinaus stoisch Haltung bewahren.

Wenn nämlich langsam der Winter ins Land zieht und auch die letzten Blüher nurmehr durch interessante Samenstände punkten, zeigen manche Gräser noch einmal, was in ihnen steckt. Es sind vor allem die Arten, die erst spät im Sommer mit

▶ Lampenputzergras und Chinaschilf sind mit Raureif überzogen und verbinden sich mit kugelig geschnittenem Buchsbaum zu einer fantastischen Wintersilhouette.

Flor aufwarten, die in der kalten Jahreszeit eine faszinierende Silhouette aufweisen. Das sind in erster Linie Arten und Sorten der Gattung *Miscanthus*, aber auch Hirse, Goldbartgras *(Sorghastrum nutans)* und Federborstengras *(Pennisetum)*.

Gräser gegen Wintergrau

Während sie im Herbst noch grazil und geschmeidig im Wind tanzten, erleben sie unter dem Eindruck von Frost, Schnee und Wind eine eigentümliche Verwandlung: Ihre Blütenstängel werden unbiegsamer und stehen aufrechter, so, als wollten sie den unwirtlichen Witterungsbedingungen in beharrlichem Gleichmut trotzen. Vor allem wenn Raureif die Pflanzen mit einem weißen Schleier überzieht, wird der Garten ein Winterwunderland. Aber graues, feuchtes Schmuddelwetter ist für Gräser kein Problem. Sie bewahren bis zum Frühjahr ihren Habitus und sollten erst dann zurückgeschnitten werden.

Darüber hinaus steuern natürlich auch die immergrünen Gräser wie einige Arten aus der Gattung der Seggen *(Carex)*, die Rasenschmiele *(Deschampsia)* oder das Riesen-Federgras *(Stipa gigantea)* zur winterlichen Belebung der Rabatten bei. Ein ganz besonderes Highlight ist der immergrüne Bambus. Es gibt unendlich viele Arten und Sorten. Einige schießen bis zu 8 m in die Höhe, andere bleiben niedrig. Manche stehen straff aufrecht, andere weisen breit ausladende Formen auf. Mit ihren langen, lindgrünen Blättern, die leise im Wind rascheln und zittern, bringen sie helle, lichte Momente in das fahle Wintergrau.

Gräser in ihren Erscheinungsformen

Wir alle haben eine bestimmte Vorstellung von Gras: aufrecht wachsende Halme, rispige Blüten und vor allem grün. Diese Beschreibung trifft sicher auf einige Gräser zu. Aber ebenso mannigfaltig wie ihr Einsatzgebiet ist auch das Aussehen der verschiedenen Ziergräser. So gibt es in der Tat straff aufrecht wachsende Arten wie etwa das Gartensandrohr *(Calamagrostis × acutiflora)*, andere Varietäten wie das Lampenputzergras *(Pennisetum alopecuroides)* haben hingegen eine eher rundliche Erscheinungsform. Viele Bambus-Arten entwickeln sich zu meterhohen Riesen. Die meisten Seggen hingegen sind vergleichsweise klein und zierlich. Gräserblüten können fuchsschwanzartig und flaumig sein; manche sind fedrig, andere wiederum sehen Ähren ähnlich. Und manche Gräser sind nicht einmal grün.

Vor allem einige im Frühling blühende Arten brillieren mit weiß-grün oder gelb-grün gestreiften Blättern. Zu ihnen zählt das goldgelbe Japan-Waldgras *(Hakonechloa macra 'Aureola')*, das mit den Jahren große Büsche bildet, aber auch im Gefäß mit seinen bogigen Halmen eine gute Figur macht. Silberrand-Marbel *(Luzula sylvatica 'Marginata')* und Japan-Segge *(Carex morrowii 'Variegata')* warten mit sattgrünem, weiß gesäumtem Laub auf. Sie alle sind Kinder des Waldes und bevorzugen einen Standort im lichten Schatten, dem sie mit ihrem hell gemusterten Laub sonnige Reflexe verleihen. Silberrand-Marbel und Japan-Segge sind zudem immergrün und bilden mit niedrig wachsenden, kompakten Blattschöpfen eine gute Einfassung für Schattenbeete. Auch der nur etwa 30 cm hohe Blau-Schwingel *(Festuca cinerea)* blüht bereits im späten Frühling, ist aber vor allem wegen seiner dichten, halbkugelförmigen Kissen blaugrüner Blätter ein Highlight. Die schönste Färbung entwickelt er auf kargen, trockenen Böden. Ist die Erde zu nährstoffreich, schießt er zu sehr in die Höhe. Alle Schwingel-Arten eignen sich auch vorzüglich für die Topfkultur.

Der späte Auftritt des Stars der Familie

Bis zu 1 m hoch wächst der immergrüne Blaustrahlhafer *(Helictotrichon sempervirens)*, der sich besonders gut als Solitär für offene, sonnige Lagen anbietet. Über seinen stahlblauen Blatthorst, der auch im Winter ausdrucksvolle Kugeln bildet, erheben sich im Hochsommer elegante, haferähnliche Blütenrispen. Wegen seiner rosagrauen Blüten ist auch das Diamantgras *(Calamagrostis brachytricha)* eine beliebte Akzentpflanze. Das Laub nimmt im Herbst einen leichten Bronzeton an.

Unangefochtene Stars in der großen Gräserfamilie sind jedoch die zahlreichen Sorten der *Miscanthus*-Gruppe und hier wiederum die mannigfaltigen Spielarten von *Miscanthus sinensis*, dem Chinaschilf. Die Blüten der *Miscanthus*-Gräser erscheinen später als die der meisten anderen Ziergräser. Mit straff aufrechtem oder leicht nach außen geneigtem Wuchs und den sehr attraktiven, fedrigen Blüten bereichern sie auch noch im Winter die Gartenlandschaft. Der Höhepunkt der Saison ist für die meisten der bis zu 2 m hoch wachsenden Chinaschilf-Sorten der Herbst, wenn sie nicht allein mit Blüten punkten, sondern ihre Halme langsam Töne von Gold und Bronze oder wie bei der eleganten Sorte 'China' gar feurigem Rot annehmen. 'China' und viele andere der besten *Miscanthus*-Sorten stammen aus der Gärtnerei des bekannten Staudenzüchters Ernst Pagels (siehe Seite 85) im ostfriesischen Leer. Varietäten wie die rosa blühende 'Flamingo', 'Kleine Fontäne', die bis weit in den Herbst hinein mit roten, später silberfarbenen Blüten aufwartet, oder die besonders ausladend wachsende 'Poseidon' sind nur drei seiner bewährten Züchtungen.

Aufgrund seines imposanten Habitus macht sich Chinaschilf gut als Solitärpflanze oder in Kombination mit großblättrigen Stauden. Das Gras benötigt volle Sonne und gedeiht in jedem Boden. Es braucht indes einige Zeit, bis es sich am neuen Standort etabliert hat. Fühlt es sich jedoch erst einmal zu Hause, bildet es von Jahr zu Jahr üppigere Horste.

▶ **Lampenputzergras**

(Pennisetum alopecuroides)
Vor allem im Herbst ist das kuppelförmig wachsende, gut 1 m hohe Gras mit seinen raupenartigen Blüten ein Highlight in der Rabatte. Es benötigt einen sonnigen Standort und normale, durchlässige Gartenerde. In extremen Lagen ist Winterschutz empfehlenswert.

▲ **Diamantgras**

(Calamagrostis brachytricha)
In der tief stehenden Herbstsonne macht das Diamantgras seinem Namen alle Ehre. Es bildet 120 cm hohe Büsche und behält Laub und Blüten bis weit in den Winter hinein.

▼ **Stein-Segge**

(Carex petriei) Außergewöhnlich sind die bronzefarbenen Blätter dieses niedrig wachsenden Grases, das sich gut als Solitär, aber auch für die Topfkultur eignet.

▼ **Chinaschilf**

(Yakushima Dwarf) Die Sorte ist der Zwerg unter den ansonsten eher durch raumgreifende Präsenz bestechenden Varietäten des Chinaschilfs. Sie bildet aufrechte Büsche und wird inklusive Blüten kaum größer als 1 m. Die blassgrünen Blätter werden im Herbst durch duftige rosabraune Blüten ergänzt.

▲ **Chinaschilf**

(Miscanthus sinensis) Die Art wartet mit einer Vielfalt an Varietäten für nahezu jede Gartensituation auf. Sie alle entfalten im Herbst attraktive, fedrige Blüten. Die straff aufrecht wachsenden, manchmal leicht nach außen geneigten Blätter bewahren bis weit in den Winter hinein Haltung.

Prärie hinterm Reihenhaus

Die Landschaftsarchitektin Petra Pelz ist inzwischen weit über die Grenzen Deutschlands hinaus bekannt und berühmt für ihre Gräser- und Wildstaudenrabatten. Der für sie typische Prärie-Look prägt auch ihr privates Grün in Biederitz bei Magdeburg. Und wer bislang dachte, der Stil ließe sich nur auf ausladenden, großzügig bemessenen Grundstücken umsetzen, wird hier eines Besseren belehrt. Der Garten von Petra Pelz hat das typische lange, schmale

Handtuchformat, das Reihenhausgärten nun mal so eigen ist. Auf ihm schlängelt sich von der Terrasse am Haus bis zu dem Rasenstück mit Pavillon am hinteren Ende des Grundstücks ein schmaler Weg, der links und rechts von zwei Beeten flankiert wird, die außergewöhnlich dicht und üppig mit Stauden und Gräsern bepflanzt sind. Die Wirkung ist verblüffend: Man gewinnt den Eindruck von Weite und Großzügigkeit, der Pavillon scheint vom Haus aus in

weite Ferne entrückt. Das Geheimnis dieses grandiosen Effekts liegt vor allem in der Breitflächigkeit der Pflanzung.

Gräser strukturieren

Je eine Art der von Petra Pelz so geschätzten wildhaft anmutenden Stauden wie Wiesenraute *(Thalictrum rochebrunianum)*, Fetthenne *(Sedum telephium)*, Sonnenhut *(Rudbeckia)* und Wasserdost *(Eupa-*

Wenn die niedrig stehende Herbstsonne seine Blüten in ein gleißendes Licht taucht, ist das Chinaschilf unverkennbar der Star in der Rabatte. Der Platz für die Gräserhorste ist ebenso großzügig bemessen wie für Stauden wie die Fetthenne (vorn links).

Frisch und grün wirkt der Garten von Petra Pelz durch den Austrieb der Gräser bereits im Frühjahr. Die rundlichen, kuppelartigen Konturen der üppigen Horste setzen schon jetzt deutliche Akzente und halten die Pflanzung optisch zusammen.

torium purpureum) nehmen stets 1–2 qm ein. Mächtige Gräserhorste aus Chinaschilf (Miscanthus sinensis) ziehen sich wie ein Leitfaden durch die gesamte Anlage. Sie geben dem Garten ein Gerüst, gliedern ihn und halten die Pflanzung optisch zusammen. Das etwas zierlichere Diamantgras (Calamagrostis brachytricha) setzt mit seinen in der Sonne schillernden Rispenblüten zauberhafte Lichtpunkte.

»Ich habe das Konzept des Landschaftsgartens einfach auf den Maßstab eines normal großen Gartens heruntergebrochen«, sagt Petra Pelz. Ihr Prinzip für die praktische Vorgehensweise ist dabei ebenso einfach wie genial: »Nur nicht so kleinteilig pflanzen und nicht so vereinzelt. Lieber wenige Arten auswählen, die aber verschwenderisch einsetzen.« Freigebig und opulent wie die Natur soll

ihr Garten sein. »Für mich«, so Petra Pelz »ist Garten gelenkte Natur.«

Petra Pelz hat von ihrem Küchenfenster aus den Garten ganzjährig im Blick. Er soll jederzeit schön aussehen, und da sie eine viel beschäftigte Frau ist, darf er nicht allzu pflegeaufwendig sein. Ihr Garten erfüllt beide Bedingungen. Schon im Frühjahr, wenn die Stauden erst langsam aktiv werden, überzieht der neue Austrieb der Gräser die Beete mit einem frischen Grün. Bereits in dieser Zeit, wenn in anderen Gärten gerade mal ein paar Zwiebelblumen für Farbe sorgen, wirken die Beete von Petra Pelz opulent und lebendig. Und wenn sich dann im Herbst die hohe Zeit der Staudenblüte dem Ende zuneigt, sorgt das Chinaschilf mit seinem späten Flor und der aufrechten Statur, die bis in den Winter hinein attraktiv bleibt, einmal mehr für Akzente im Garten.

Grüne Fakten

Größe: 600 qm.

Zeit zum Einwachsen: Der Garten benötigte zwei Jahre, bis er gut aussah.

Pflegebedarf: Petra Pelz arbeitet lediglich im Frühjahr in ihrem Garten, wenn sie Verwelktes abschneiden muss. Dann kann auch etwas Unkraut wachsen, das später im Jahr aufgrund der äußerst dichten Bepflanzung keine Chance mehr hat. Während der Saison wird höchstens mal der Weg gefegt. Durch die standortgerechte Bepflanzung muss trotz des trockenen Grunds so gut wie nie gewässert werden.

Naturerlebnisse am Hang

Als Marion Heine mit ihrer Familie vor 15 Jahren in ihr neues Domizil im holsteinischen Plön zog, wusste sie ganz genau, welche Art Garten sie nicht wollte – nämlich ein Grün, das ausschließlich Arbeit und Pflicht bereithält. So kannte sie es aus dem Nutzgarten ihrer Eltern, wo ständig ausgeputzt und geerntet wurde. Marion Heine wollte ihren Garten vor allem genießen, auch mal unterm Apfelbaum sitzen und den Pflanzen beim Wachsen zuschauen. Die Architektin kannte Fotografien der weitläufigen Prärieanlagen, die der Landschaftsarchitekt Wolfgang Oehme in den USA gepflanzt hatte. Dies war ein neuer Typus Garten, in dem vor allem eine Pflanzengruppe im Mittelpunkt stand, den Marion Heine bis dato vor allem in Form von kurz geschorenem Rasen kannte: Gräser. Inzwischen spielen sie auch die Hauptrolle auf Marion Heines lang gezogenem Hanggrundstück. Gärten am Hang sind schwierig zu bestellendes Terrain. Auf eine Möglichkeit, nämlich Terrassierung, wurde in diesem Fall verzichtet. Stattdessen strukturieren schwungvoll angelegte Hecken und Gehölze sowie runde und ovale Plätze und Beete das leicht abfallende Gelände. Und dazwischengestreut und allgegenwärtig: Gräser. Vom mannshohen Riesen-Federgras *(Stipa gigantea)* über das

Während der Hartriegel schon buntes Laub zeigt, warten Chinaschilf (links), Rutenhirse (rechts) und Eisenholzbaum (Mitte) noch auf das herbstliche Farbspektakel.

kompakte Lampenputzergras *(Pennisetum alopecuroides)* und die aufrecht wachsende Rutenhirse *(Panicum virgatum)* bis hin zu den zierlichen Schattengräsern wie Wald-Marbel *(Luzula sylvatica)* und Japan-Segge *(Carex morrowii)* ist hier alles versammelt. Insgesamt verteilen sich über zwei Dutzend Arten und Sorten auf dem Grundstück, das vor allem mit sandigem Boden und sonnigen Lagen aufwartet, im Schlagschatten des Hauses aber auch dunklere Partien besitzt.

Standorttolerant und wahre Alleskönner

Gräser bilden Inseln im Rasen, schirmen Sitzplätze ab, strukturieren

◀ In der spätsommerlichen Abendsonne schimmern die Gräser, die den lauschigen Sitzplatz unter dem alten Apfelbaum der Sorte 'Holsteiner Cox' umgeben.

das Gelände und vereinen sich in Rabatten mit Fetthenne *(Sedum telephium)*, Sonnenhut *(Echinacea)* und Storchschnabel *(Geranium)*. Sie flankieren den Zugang zum Gartenteich und bilden sogar dichte Matten auf dem von Wurzelfilz durchzogenen Boden unter dem Hartriegel *(Cornus)*. »Es ist überhaupt erstaunlich, wie standorttolerant Gräser sind«, sagt Marion Heine. Für sie war wichtig, dass die Gräser die festen, bisweilen massiven Formen ihrer Heckenlandschaft auflockern. »Die Hecken vermitteln zu viel Starres«, meint sie. »Das lockere Wesen der Gräser, dieses Duftige, Wehende, ist dazu ein sehr lebendiger Kontrast.«
Für Marion Heine sind die Gräser in ihrem Garten das pure Naturerlebnis. Sie liebt es, ihre Bewegungen im Wind zu betrachten und ihre Veränderungen bei wechselndem Wetter zu beobachten. »Die Blüten des Silberfahnengrases zum Beispiel sind bei

sonnigem Wetter ganz flauschig und bei Regen eher linear«, sagt sie. Als gewiefte Gestalterin, die sich schon aus reiner Profession mit der Beziehung von Masse und Raum befassen muss, hat sie ihre Lieblinge perfekt in Szene gesetzt. Bei der Planung hat sie neben dem Raumgefüge auch den Stand der Sonne mit in ihre Überlegungen einbezogen. Die Gräser sind nun so platziert, dass die Abendsonne sie durchflutet und Rispen und Halme im Gegenlicht schimmern. Vor allem im Spätsommer, wenn die Sonne tief am Himmel steht, ergeben sich ungeahnte, geradezu magische Effekte. Und die genießt Marion Heine mit ihrer Familie. Dann sitzt sie unter dem Apfelbaum und schaut ihren Gräsern einfach nur bei ihrer einzigartigen Lichter-Show zu. Ganz ohne schlechtes Gewissen, denn Garten bedeutet für Marion Heine vor allem eines: reines Vergnügen.

Grüne Fakten

Größe: 1 250 qm.

Zeit zum Einwachsen: Marion Heine arbeitete sich systematisch vom Haus bis zum Grundstücksende voran und pflanzte neben Gräsern auch viele strukturgebende Gehölze. Bis alles ihren Vorstellungen entsprach, gingen sieben Jahre ins Land.

Pflegebedarf: Während der Saison arbeitet Marion Heine etwa acht Stunden in der Woche in ihrem Garten. Unkrautjäten und Rasenmähen sind die Hauptarbeiten.

EXTRA: Der lange Weg der Gräser in unsere Gärten

Für Karl Foerster waren Gräser »das Haar der Mutter Erde«. Der wortgewaltige Pflanzenzüchter gehörte zu den ersten Gartengestaltern überhaupt, die das Potenzial von Staudengräsern erkannten. Und wenn heute die naturhaften Pflanzungen eines Wolfgang Oehme oder Piet Oudolf weltweit für Furore sorgen, werden diese berühmten Landschaftsarchitekten nie müde, sich als Verehrer und Schüler des großen Meisters aus Potsdam-Bornim zu bekennen.

Schon in den 30er-Jahren des vergangenen Jahrhunderts begann Foerster, mit Gräsern zu arbeiten und sie in Beeten mit Stauden zu kombinieren. Bald befand er: »Staudenpflanzungen, Steingärten, Ufergärten, Rabatten, Waldgärten und auch alle möglichen Schmuckgartenplätze ohne Gräser zu lassen, ist die größte Schönheitsverschwendung.« Unermüdlich und leidenschaftlich warb Foerster in Vorträgen und Büchern sowie durch wertvolle Neuzüchtungen für seine Lieblinge. Aber noch bei Erscheinen seines Buches »Einzug der Gräser und Farne in die Gärten« im Jahre 1957 beklagte er den »Gräserschlaf« seiner zeitgenössischen Grünfinger.

Diese erwachten erst sehr langsam. Die an internationaler Gartenkultur Interessierten stießen im Laufe der 70er-Jahre auf die raumgreifenden Kreationen Wolfgang Oehmes. Mit Ziergräsern und Wildstauden revolutionierte der Deutschamerikaner mit seinem Partner James van Sweden die grüne Kunst in den USA und gilt heute als Pionier des »New American Garden«. Seine Spezialität sind üppige, farbintensive Pflanzungen, die ihren Reiz vor allem aus der Fernwirkung beziehen. Diese Anlagen im Prärie-Look gelten einer jungen Generation von Landschaftsarchitekten inzwischen als »Die neuen romantischen Gärten«, so der Titel eines Buches, das Oehme und van Sweden 1990 veröffentlichten.

Für den gemeinen deutschen Hausgarten waren und sind Oehmes Pläne indes weitgehend unbrauchbar. Der Gestalter pflanzt stets in Massen. Nur durch den Einsatz von Tausenden Exemplaren von Chinaschilf, Ruten-

◄ Karl Foersters berühmter Senkgarten mit Gräsern und Stauden strahlt nach wie vor in altem Glanz und im Herbst besonders farbenfroh.

Allein unter Gräsern ist Wolfgang Oehme in seinem Element. Der Deutschamerikaner gilt als Pionier des Prärie-Looks.

Piet Oudolf, einer der Stars der grünen Zunft, ist bekannt für seine naturhaften Pflanzungen aus Wildstauden und Gräsern.

hirse und Lampenputzergras und dazu ebenfalls Tausender Fetthennen und Rudbeckien gewinnen seine Gärten die Kraft, gleichsam mit der Natur zu verschmelzen. Erst in den vergangenen Jahren zeigten europäische Landschaftsarchitekten, wie sich die kühnen Visionen einer natürlich anmutenden Präriepflanzung auf attraktive und relativ pflegeleichte Weise auch auf kleineren Grundstücken umsetzen lassen.

In Deutschland wurde man dieses Trends indes erst spät gewahr. Im Süden des Landes, auf dem Gelände des Schau- und Sichtungsgartens Hermannshof in Weinheim, gärtnert der Pflanzensoziologe Richard Hansen seit den 1980er-Jahren. Hansen, Erfinder einer ökologischen Pflanzenlehre, die Gewächse auch im Garten streng nach Lebensbereichen sortiert, schuf auf dem offenen, sonnigen Terrain des Hermannshofes berauschend schöne, großflächige Beete mit Gräsern und Steppenstauden. Seine Landsleute beeindruckte das wenig. Was vermutlich auch daran lag, dass

es trotz der bahnbrechenden Arbeit von Karl Foerster hierzulande bis weit in die 80er-Jahre schwierig war, überhaupt geeignete Gräser für den Garten zu finden

Form und Struktur statt Blütenpracht

Wer lange suchte, landete irgendwann in Leer. Hier, im Zentrum Ostfrieslands, züchtet Ernst Pagels seit Jahrzehnten die schönsten Sorten Chinaschilf, Pfeifengras und Sandrohr. Als Mitarbeiter von Karl Foerster war der Gartenmeister früh von dessen Leidenschaft für Gräser infiziert worden. In Pagels Gärtnerei wurde schließlich auch Piet Oudolf fündig, der lange nach geeigneten Pflanzen für seine neuen, von der Natur inspirierten Rabatten gefahndet hatte. Hollands bekanntester Gartengestalter war seit jeher eher an Strukturen und Formen einer Pflanze interessiert als an der flüchtigen Pracht der Blüte. Er wollte mit Gewächsen arbeiten, die Stimmungen

transportieren und die noch im Herbst und im Winter Haltung bewahren und gut aussehen. Da stößt man zwangsläufig auf Gräser.

Aber in den 70er-Jahren war selbst in den Niederlanden die Zeit noch nicht reif für Gräser. Und auch das übrige Pflanzenmaterial, das Oudolf für seine Arbeit brauchte, war in den üblichen Gärtnereien nicht zu haben. Der Holländer gründete letztendlich seinen eigenen Betrieb in Hummelo, in dem er all die wildhaften Gewächse, die seinen ästhetischen Vorstellungen entsprachen, selbst züchtet. Piet Oudolf gebührt das Verdienst, Gräser in einen neuen Kontext gestellt und sie für den Reihenhausgarten kompatibel gemacht zu haben. Gleichzeitig sind seine genialen Verknüpfungen von traditionellen, formalen Elementen wie Sichtachsen und wellenförmig geschnittenen Eibenhecken mit wild bewegten Gräsermeeren und dazwischen gestreuten Wildstauden einzigartig und wegweisend für eine zeitgemäße europäische Gartenkultur.

Rosengärten –
ein Fest der Sinne

Ein Hauch von Exklusivität

Bis weit ins 20. Jahrhundert hinein waren Rosengärten in der Regel genau das, was der Name besagt: Gärten, die ausschließlich der Rose gewidmet waren. Noch heute sind die nahe Paris gelegenen Anlagen L'Haÿ-les-Roses und Bagatelle das Mekka vieler Rosenfreunde. Diese Art und Weise, ganze Abteilungen des Gartens ausschließlich mit Rosen zu bepflanzen, war Tradition, seit die französische Kaiserin Joséphine um das Jahr 1800 den ersten Garten dieser Art rund um ihr Schloss Malmaison anlegte. Im Laufe ihres Lebens trug die Gattin Napoleons hier über 200 Sorten der seltensten Exemplare zusammen und pflanzte sie in quadratische oder kreisrunde Beete zwischen gewundenen Graswegen.

Während der Blüte sind diese Gärten von geradezu atemberaubender Pracht. Bei näherer Betrachtung drängt sich indes eher der Eindruck einer botanischen Sammlung auf. Aber selbst eine geniale Gestalterin wie die Engländerin Gertrude Jekyll versammelte noch Anfang des 20. Jahrhunderts in Anlagen wie Little Aston oder Sandbourne eine Vielzahl verschiedener Rosen in ausgeklügelt angelegten formalen Parterres.

Gleichwohl hatte die große alte Lady der grünen Zunft das Manko einer solchen Exklusivität sehr wohl erkannt: Rosen blühen relativ kurz, und so zauberhaft die Blüten sind, so wenig charmant ist der Habitus der Pflanze an sich. Auch das war ein Grund für die eigenen, oft von hohen Hecken abgetrennten Rosenabteilungen vieler historischer Anlagen. War die Blüte vorbei, wollte man die Beete nicht mehr sehen.

Rosen brauchen ausdauernde Begleiter

Gertrude Jekyll jedoch machte sich wie immer ihre eigenen Gedanken. Auch für sie lag der Zweck eines Rosengartens darin, Rosen wirkungsvoll in Szene zu setzen. Dennoch sollte er auch nach der Blüte nicht langweilig sein. Sie löste schließlich das Problem, indem sie die Rosen mit graulaubigen Gewächsen unterpflanzte. Die zarte Tönung und die feine Struktur von mattrosa blühendem Wollziest *(Stachys)*, blassblauer Katzenminze *(Nepeta)* und violettem Lavendel *(Lavandula)* harmonieren mit dem breiten Farbspektrum der Rosenblüten und stellen keine Konkurrenz zu ihnen dar, sondern unterstreichen noch deren Schönheit. Darüber hinaus behalten viele graulaubigen Pflanzen ihre Blätter das ganze Jahr über und verdecken so das unschöne Gehölz der Rosen.

Jekylls Ideen zum Thema machten Schule. Rosen brauchen Begleiter, so das Credo. Auch der Engländer Graham Stuart Thomas, der vor einem halben Jahrhundert die alten, vor der Mitte des 19. Jahrhunderts gezüchteten Sorten wieder populär machte, sah seine Büsche edler Albas, Damascenas und Zentifolien lieber von Rittersporn *(Delphinium)*, Lilien *(Lilium)* und Iris umgeben als allein in eigenen Anlagen. Thomas war gleichfalls ein Verfechter des Unterpflanzens und liebte es insbesondere, Rosen neben weiße Blumen zu setzen, da Weiß die Rot- und Rosatöne Alter Rosen noch hervorhebe.

Zeitgenössische Rosengärtner wie John Scarman – auch er ein Brite, der allerdings im baden-württembergischen Ettenbühl sein Grün bestellt – legen bei den Begleitpflanzen zudem Wert auf hübsches Blattwerk, das dem Beet über Wochen und Monate Farbe und Textur verleiht. Für Scarman sind Rosen universell einsetzbar. Er pflanzt sie in den Kräutergarten und mit einjährigen Sommerblumen zusammen und kombiniert sie sogar ganz nonchalant mit Wildstauden.

◀ Mannshohe Englische Rosen wie die rosafarbene 'Constance Spry' und 'William Shakespeare' in kräftigem Purpur verbinden sich mit weiteren Gehölzen und Stauden zu einem rundum stimmigen Ensemble.

Vielseitig einsetzbar und so romantisch

Keine andere Blume spielt in der Kulturgeschichte der Menschheit eine so bedeutende Rolle wie die Rose. Schon immer kam ihr in der Literatur, in Legenden und Sagen, in der Kunst und in der Mode eine besondere Bedeutung zu. Wir umgeben uns gern mit Rosen. Allein ihre Namen künden von längst vergangenen Zeiten. Sie erzählen Geschichten von Liebe und Krieg, von Herrschern und

Heiligen, und noch die schlichteste Wildrose ruft ungeheuer romantische Assoziationen hervor.

Im Garten sind sie vielseitig einsetzbar, da es für die meisten Bereiche die passende Rose gibt. Man kann Rosen über Zäune ranken lassen und in naturnahe Hecken integrieren. Sie machen in der gemischten Rabatte eine ebenso gute Figur wie als Hochstämmchen im

Kübel. Manche niedrig wachsende Sorten eignen sich prima als Bodendecker, und bereits eine einzige Kletterrose macht aus einem schlichten Wohnhaus im Nu ein Dornröschen-Domizil. Insofern erfüllen Rosen aus gestalterischer Sicht inzwischen auch mancherlei Aufgaben auf problematischem Terrain und im öffentlichen Grün. Aber das entspricht eigentlich nicht ihrer Natur. Wie keine andere

Die unermüdlich blühende, apricotfarbene Strauchrose 'Leander' flankiert die Gartentreppe. An der Fassade klettert die einmalblühende 'Félicité et Perpétue'.

allem Liebhaber Alter Rosen wissen es zu schätzen, ihre botanischen Antiquitäten so einzigartig in Szene gesetzt zu sehen. Ob die tiefrosafarbene Bourbonrose 'Louise Odier', die duftig-zarte Alba 'Maiden's Blush' oder die Gallica 'Cardinal de Richelieu' in dramatischem Rot-Violett: Sie alle erinnern mit ihrer üppigen Duft- und Blütenfülle an geräuschte Ballkleider, an Samt und Seide und prachtvolle Festlichkeit – und so wollen sie auch behandelt werden.

Blume will eine Rose bewundert werden und zwar aus der Nähe. Ein von Rosen flankierter Sitzplatz wird der kapriziösen Diva dabei ebenso gerecht wie dem Gärtner. Von hier aus kann man in aller Ruhe ihre einfachen oder gefüllten, die mal geräuschten, mal rosettenartigen Blüten betrachten und ihren exquisiten Duft genießen.

Blütenrausch in Samt und Seide

Mit niedrig wachsenden, duftenden Beetrosen wie der goldgelben 'Friesia' oder der rosafarbenen 'Manou Meilland' ist das auf sehr unkompli-

◀ Die historische Portland-Rose 'Comte de Chambord' sowie die blauvioletten Blüten der Katzenminze verwandeln den kleinen Sitzplatz in eine Duftoase.

zierte Weise möglich. Die robusten Mehrfachblüher mit ihren verzweigten Blütenbüscheln lassen sich problemlos in jede Gartensituation integrieren und harmonieren als echte Teamworker auch im Beet. Als Solistin an exponierter Stelle, etwa neben der Terrasse, brilliert dagegen die Strauchrose. Der Begriff ist etwas missverständlich, da alle Rosen von ihrem Habitus her Sträucher sind. Die Bezeichnung trägt hier dem höheren, ausladenderen Wuchs dieser Gruppe Rechnung. Zu den Strauchrosen zählen viele Alte und Englische Rosen, aber auch moderne Züchtungen wie die bekannte, apricotfarbene 'Westerland' oder die noch berühmtere weiße 'Schneewittchen'. Lässt man sie frei wachsen, haben sie einen kompakten, rundlichen Aufbau und erfreuen durch eine geradezu verschwenderische Blütenfülle. Vor

▲ Die lachsrosafarbenen Blüten der öfterblühenden 'Lilian Austin' sind weniger geräuscht als die der meisten englischen Sorten, duften aber wunderbar fruchtig.

89

Rosenbögen bilden Blickfänge im Garten, erfüllen aber gleichzeitig mehrere Funktionen, indem sie einzelne Bereiche voneinander abtrennen und einen Durchgang reizvoll markieren.

Ist wenig Platz vorhanden, kann man mit Rosen aber auch ganz lässig in die Höhe gärtnern. Wenn der Weg nach oben hin frei ist, lassen Kletterrosen selbst den kleinsten Gartenhof erblühen. Sie benötigen dazu lediglich eine Wand in Südost- oder Südwestlage sowie 0,25 qm freien, tiefgründigen Boden. Diese Anspruchslosigkeit kann man nutzen, indem man zum Beispiel triste Hauswände auch zur Straßenseite hin mit Kletterrosen wie der apricotfarbenen 'Paul Noel' oder der eleganten hellgelben 'Alberic Barbier' aufwertet,

um sie so für Passanten und Gäste freundlicher und einladender erscheinen zu lassen. Dabei ist der Begriff Kletterrose etwas irreführend, denn selbstständig klettern können sie nicht. Sie ähneln im Grunde Strauchrosen, bilden aber im Unterschied zu diesen längere Triebe, die an Spalieren, Pergolen oder Rosenbögen emporwachsen können. Kletterrosen benötigen also für ihren Himmelssturm auf jeden Fall ein kräftiges und solide verankertes Gerüst. Wenn sie bereits auf Augenhöhe des Betrachters blühen sollen und

nicht erst in mehreren Metern Höhe, empfiehlt es sich, die Triebe waagerecht zu leiten. Auf diese Weise wird die Pflanze zur Bildung blütenreicher Seitentriebe angeregt.

Ein Himmel voller duftender Rosen

Besondere Effekte bei der vertikalen Gestaltung mit Kletterrosen erzielt man mit einem Rosenbogen. Er strukturiert das Terrain, grenzt ab und bildet reizvolle Durchgänge, hinter denen sich geheimnisvolle neue Gartenwelten entdecken lassen. Ein Bogen mit der überbordenden Blütenfülle etwa einer perlmuttfarbenen 'New Dawn' oder der bewährten, samtig-roten 'Sympathie' ist ein Glanzpunkt im Garten. Hier ist unbedingt darauf zu achten, dass der Abstand zwischen den Bogenpfosten so weit ist, dass man sich beim Hindurchschreiten nicht an den Stacheln verletzten kann. Dies gilt im Übrigen auch für die Pergola, ein etwas wuchtigeres Klettergerüst für Rosen. Mehr noch als ein Rosenbogen dient die Pergola zur Gliederung des Terrains. Sie ist ein Gestaltungselement aus dem sonnigen Süden und wird zum Schutz gegen die Hitze über Wege und Sitzplätze gebaut. Da die Pergola in der Regel nur eine simple Gerüstkonstruktion aus Holz oder Metall ist, bilden erst Kletterpflanzen die grünen Wände und Dächer. Es ist ein geradezu märchenhaftes Erlebnis, im Sommer unter einem Himmel aus duftenden Rosen zu sitzen.

Wenn nicht genug Platz vorhanden ist oder kleine Kinder im Garten spielen, sind fast stachellose Sorten wie die rosafarben blühende 'Maria Lisa' oder die lachsfarbene 'Ghislaine de Feligonde' eine gute Wahl. 'Ghislaine de Feligonde' wird zwar als Strauchrose geführt, erobert mit ihren langen, überhängenden Trieben aber locker auch kleinere Bögen und Obelisken, die ebenfalls als vertikale Ele-

mente im Garten eingesetzt werden können. Vor allem auf kleineren Grundstücken sind Obelisken eine platzsparende Alternative zu Rosenbögen und Pergolen.

Zweite Baumblüte

Eine besondere Variante der üblichen Kletterrosen bilden die Rambler. Botanisch gesehen, zählen diese Rosen zu den sogenannten Spreizklimmern, die mit ihren bestachelten Trieben stets auf der Suche nach Halt sind und sich einfach festhaken, wenn sie fündig werden. Bekannte

Rambler sind zum Beispiel die cremeweiße 'Bobby James' oder die rosafarbene 'Venusta Pendula', die jedoch beide nur einmal im Jahr blühen. Ramblerrosen können ausgesprochen mächtig werden und mit ihren meterlangen Trieben große Pergolen oder imposante Torbögen begrünen. Wegen ihres üppigen Wuchses sind sie für formale Gärten weniger geeignet. Sie passen besser in naturnahe Anlagen, wo sie am spektakulärsten wirken, wenn sie lichte, alte Bäume emporranken und ihnen im Juni und Juli noch einmal zu einer »zweiten Blüte« verhelfen.

▶ Mit Ramblerrosen lassen sich außerordentliche Effekte erzielen, wenn man sie ganz ungezwungen in alte Bäume klettern lässt.

Die Königin und ihr Hofstaat

Wie alle Regentinnen benötigt auch die »Königin der Blumen« einen Hofstaat, der ihre besonderen Vorzüge ins rechte Licht zu rücken weiß. Man hat das erst relativ spät erkannt, obwohl die Rose von Natur aus echten Teamgeist besitzt, wächst sie doch in freier Landschaft als Saumpflanze an lichten Gehölzrändern. Insofern passt sie auch im Garten gut zu anderen Sträuchern. Dabei gilt es zu bedenken, dass Gehölze groß werden können, sich die Lichtverhältnisse für die sonneliebenden Rosen aber nicht verschlechtern dürfen. Mit niedrig wachsenden Gehölzen wie etwa dem buschigen Silberstrauch *(Perovskia)* oder Lavendel *(Lavandula)*, beide mit violetten Blütenähren, oder der ebenfalls zierlichen, weiß blühenden Pfeifenstrauch-Sorte 'Belle Etoile' gelingt das bestens. Eine gleichmäßig geschnittene grüne Hecke aus Eibe *(Taxus)* bildet stets eine exzellente, ruhige Kulisse für die rauschhafte Rosenshow. Auch Formgehölze wie zu Kugel oder Kegel getrimmter Buchsbaum *(Buxus)* bringen Ruhe und Ausgewogenheit in das changierende Farbspiel eines Rosenbeets.

Dasselbe gilt für blaue Blütengehölze sowie für Stauden, die gemeinhin als die klassischen Rosenbegleiter gelten. Blau harmoniert sowohl mit den duftigen Weiß- und Rosatönen und dem dramatischen Purpur vieler Alter Rosen als auch mit den neu hinzugekommenen Orange- und Gelbnuancen moderner Züchtungen. In ihrem Rosengarten von Sissinghurst pflanzte Vita Sackville-West ihren Strauchrosen eine gleichzeitig blühende blaue Säckelblume *(Ceanothus)* sowie verschiedene Ziersalbei-Arten *(Salvia)* zur Seite. Hierzulande gilt blauer Rittersporn *(Delphinium)* mit seinen imposanten Blütenkerzen als der angemessenste Partner der Rose schlechthin. Aber auch andere blau blühende Stauden wie Katzenminze *(Nepeta)* oder die blaue Variante des Storchschnabels *(Geranium* 'Johnsons Blue') geben passende Gefährten ab.

Sowieso werden wir eher Stauden als ausladende Gehölze mit Rosen

◄ Einer sehr alten Gallicarose wurden in diesem traditionellen Bauerngarten violetter Staudensalbei, rosafarbene Gartennelken und Fingerhut zur Seite gepflanzt.

Pflanzen mit blauen Blüten und grauem Laub sind die perfekten Rosenbegleiter. Hier wird die cremeweiße Englische Rose 'Bredon' von blauviolettem Lavendel und lilafarbenem, großblütigem Wollziest *(Stachys grandiflora)* durchwebt.

kombinieren, einfach weil in den meisten Gärten der Platz für solch großzügige Pflanzungen fehlt. Für kleine Gärten sind Beetrosen oder die relativ neuen Bodendeckerrosen zumeist eine bessere Wahl als die mächtigen Strauchrosen, die gut und gerne schon auch einmal 1,5–2 m hoch und sehr üppig werden können. Sowohl Beet- als auch Bodendeckerrosen bleiben mit einem durchschnittlichen Maß von 80 cm übrigens eher niedrig. Sie wachsen buschig und bilden insofern im Beet ein solides Gerüst zwischen Stauden und einjährigen Blumen.

Galante Rosenkavaliere in zarten Tönen

Neben blauen passen vor allem weiße und hellgelbe Blüher gut zu Rosen. Weiße Glockenblumen *(Campanula lactiflora* 'Alba') und Flammenblumen *(Phlox paniculata)* sind bewährte Rosenbegleiter. Gelb ist für manche Pflanzenfreunde eine schwierige Farbe, da sie die Aufmerksamkeit sofort auf sich lenkt. Aber selbst ausgesprochene Gelb-Hasser mögen in der Regel den Frauenmantel *(Alchemilla mollis)* mit seinen duftigen grüngelben Blütenwolken. Er umschmeichelt Rosen ebenso wunderbar

wie graulaubige Pflanzen, etwa Wollziest *(Stachys byzantina)* oder Edelraute *(Artemisia stelleriana)*.

Auch unter den einjährigen Sommerblumen finden sich wahre Rosenkavaliere. In den Blütenfarben Weiß, Rosa und Blauviolett besticht etwa die Bechermalve *(Lavatera trimestris)*. Eisenkraut *(Verbena bonariensis)* webt fliederfarbene Schleier übers Rosenbeet, während das Schmuckkörbchen *(Cosmos bipinnatus)* sowohl mit weißen, rosafarbenen und karminroten Schalenblüten als auch mit dekorativem, fein gefiedertem Laub aufwartet.

Renaissance der Hochstämmchen

Viele Beet- und Strauchrosen bilden schöne, dichte Büsche, die zur Sommerzeit aufgrund der üppigen Blatt- und Blütenfülle den Blick auf das nackte Holz verdecken. Eine Sonderform ist die Stammrose, die ihre Wuchsform dem Umstand verdankt, dass die Veredelung statt in Bodennähe etwa ein bis eineinhalb Meter höher auf dem Stamm einer robusten Wildrose erfolgte. Stammrosen passten ideal zu der strengen Symmetrie formaler, höfischer Anlagen. Im Zuge der Entwicklung eines eher natürlich anmutenden Gartenstils verschwanden sie indes ähnlich wie die Formschnittgehölze aus unserem Grün. Inzwischen erleben sie wie viele andere Hochstämmchen eine Renaissance, was wohl nicht zuletzt mit den immer kleiner werdenden Grundstücken zusammenhängt. Rosenstämmchen sind platzsparende Alternativen zu den voluminösen Sträuchern, und sie passen auch keineswegs ausschließlich in ein mondän-feudales Ambiente. In traditionellen Bauerngärten mit dem klassischen buchsbaumgesäumten Kreuzgang zieren sie aufs Schönste das Rondell in der Mitte. Darüber hinaus bieten sie im Gegensatz zu ihren strauchigen Verwandten auch im laub- und blütenlosen Zustand noch ein recht ansprechendes Bild.

Zentraler Blickfang in Beet und Topf

Stammrosen bilden keine spezielle Rosenklasse. Im Prinzip lässt sich jede Rose auf einen Stamm setzen, es eignen sich nur nicht alle dafür. So machen sich beispielsweise buschige Bodendecker- oder überhängende Kletterrosen als Krone allemal besser als straff aufrecht wachsende Edelrosen. Stammrosen setzen sowohl in der Rabatte wie im Gefäß markante Akzente und sorgen für vertikale Elemente. Sie werden in verschiedenen Höhen angeboten, und zwar als 60 cm großer Halbstamm, als Hochstamm mit 90–120 cm Höhe oder als

◄ Die Rose 'Charmant' brilliert hier als kleinblütiges Halbstämmchen und ist unterpflanzt mit der roten 'Cherry Kordana' und rosafarbener 'Cinderella Kordana'.

Durch die Betonung der Vertikalen gibt eine Allee aus mehreren verschiedenen Rosenhochstämmchen dem Garten räumliche Tiefe und Struktur. Am Fuß der Stämmchen bleibt genug Platz für eine großzügige Unterpflanzung.

150 cm hoher Kaskadenstamm. Um ein Brechen der Rosentriebe zu vermeiden, sollten vor allem Hoch- und Kaskadenstämme gestutzt werden, wenn die Krone zu üppig geworden ist. Die Wuchsform der Krone hängt ganz und gar von der veredelten Sorte ab.

Im Beet lassen sich Hochstammrosen gut als zentraler Blickfang einsetzen, oder man pflanzt mehrere Stämme zu einer kleinen Allee. Ein Kaskadenstamm eignet sich wunderbar als Solitär. Vor allem die weichtriebigen Rambler machen mit ihren herabhängenden Blütenkaskaden ihrem Namen alle Ehre. Halbstämme wiederum sind ideal für die Topfkultur. Als Kübelpflanzen sind sie begehrte Preziosen, die noch die kleinsten Gartenhöfe mit edlem Blütenschmuck und Duft erfüllen. Zwei flankierende Rosenbäumchen bilden an Portalen und Haustüren ein freundliches Willkommen. Ebenso wie im Beet verleihen Stammrosen einer Topfpflanzensammlung Höhe, und wie alle zum Stämmchen gezogenen Gehölze kann man sie prima mit niedrig wachsenden Stauden oder Sommerblumen unterpflanzen und damit verschiedene Blühebenen schaffen. Hohe Kaskadenstämmchen in sehr großen Töpfen ab 50 Liter Volumen lassen sich natürlich auch mit Bodendeckerrosen kombinieren.

Rosen im Kübel

✿ Als Töpfe eignen sich hohe Zylinderformen mit großen Abzugslöchern. Eine Dränageschicht aus Tonscherben unterstützt zusätzlich den Wasserabfluss.

✿ Spezielle Rosenerde verhindert mit ihrer lockeren Struktur Staunässe und Wurzelfäulnis. Alle drei Jahre wird umgetopft. Weitere Nährstoffe spenden Langzeitdünger.

✿ Containerrosen überwintern im Freien. Vor Polartemperaturen schützt das Umwickeln der Kübel mit Kokosmatten oder Noppenfolie.

Die schönsten Rosendekorationen

Die älteste gesicherte Rosendeko stammt aus der Zeit um 1600 vor Christus. Das »Fresko mit dem blauen Vogel«, das der englische Archäologe Sir Arthur John Evans zu Beginn des vergangenen Jahrhunderts bei Ausgrabungen auf dem Gelände des Minos-Palastes in Knossos entdeckte, zeigt einfache Rosenblüten in goldenen Tönen und mit orangefarbener

Mitte. Und ebenso wie die Pflanze selbst begleitet uns auch schmückendes Beiwerk mit Rosen-Ornamentik durch die Jahrtausende. Kein anderer jedoch hat unsere Vorstellung, wie wir Rosen dargestellt haben wollen, so beeinflusst wie Pierre Joseph Redouté, der zu Beginn des 19. Jahrhunderts die berühmte Rosensammlung der französischen Kaiserin

Joséphine malte. Illustrationen seiner mit botanischer Akkuratesse zu Papier gebrachten Porträts zieren nach wie vor zahlreiche Objekte – von Stoffen und Servietten über Geschenkpapier und Kalender bis hin zum Tee- und Kaffeeservice.

Aber auch wer sich eher mit Rosen live umgeben will, hat dazu außerhalb des Gartens zahllose

Seit jeher sind Rosen beliebte Motive für Bilder, Stoffe und Dekorations-, aber auch für Alltagsgegenstände. Auf Rosen gebettet und das ganz ohne Stachelproblem ist man in diesen Liegestühlen, die nicht nur bequem sind, sondern auch hohen Zierwert besitzen.

Henne statt Kugel? Warum nicht.
Der im Stil traditioneller Rosenkugeln
gestaltete Blickfang ziert vor allem
in blütenloser Zeit.

Möglichkeiten. Ein Strauß Alter Rosen in einer einfachen Vase arrangiert, so wie sie der französische Maler Henri Fantin-Latour auf seinen Werken verewigt hat, ist an bestechender Schlichtheit und zeitloser Schönheit vermutlich nicht zu überbieten. Aber Rosen bewähren sich auch im Team mit anderen Blumen – etwa zum Biedermeiersträußchen gebunden oder nach dem Vorbild flämischer Meister als üppiges Bouquet mit Lilien, Glockenblumen, Kosmeen und Phlox arrangiert. Um nicht von der vollendeten Pracht der Blüten abzulenken, sollten die Gefäße sowohl für kleine als auch für große Rosengebinde möglichst schlicht sein.

▶ Blaue Teller-Hortensien und gelbgrüner Frauenmantel verleihen Kränzen und Sträußen mit großen, gefüllten Rosenblüten zusätzlich duftige Fülle.

Blüten für Gebinde und Potpourri

Für rustikalere Kompositionen kann auch schon mal ein hübscher Korb die Vase ersetzen. Man legt ihn zuvor mit Plastikfolie aus und füllt ihn mit feuchter Steckmasse. Auf diese Weise lassen sich auch Kränze aus Rosenblüten lange frisch halten. Im Kranz wirken Rosen am besten mit Blühern, die Volumen beisteuern. Frauenmantel, Schleierkraut, Teller-Hortensien und Skabiosen bilden mit Rosen eine romantische Melange und ziehen auf einer festlich gedeckten Tafel die Blicke auf sich. Wenn für spektakuläre Gebinde der Platz fehlt, lassen sich einzelne Rosenblüten auch gut in einer flachen Schale in Szene setzen. Selbst in einfachen Wassergläsern arrangiert, verlieren sie nichts von ihrem Charme.

Eine Möglichkeit, den Duft und Zauber der Rosen über die Sommerzeit hinaus zu bewahren, ist ein Potpourri. Dafür werden Blütenblätter oder -knospen von stark duftenden Sorten getrocknet, mit gemahlener Veilchenwurzel und zerstoßenen Gewürzen wie Piment oder Zimt als Fixativ zur Konservierung des Duftes versehen und mit oder ohne andere getrocknete Blüten in Schalen arrangiert.

Im Garten selbst benötigen Rosen eigentlich keine weiteren Dekorationsobjekte in ihrer Nähe. Beliebt sind seit einigen Jahren indes sogenannte Rosenkugeln. Ursprünglich zur Vertreibung böser Geister gedacht, haben sie heute hauptsächlich zierenden Wert im Garten und schmücken auch manches Rosenbeet, dem sie vor allem in blütenloser Zeit nostalgische Grandezza verleihen.

Eine Sammlung wird ein Garten

Beetrosen in pflegeleichter Hüfthöhe mit Blüten in leuchtenden Farben vom Frühsommer bis in den Herbst: Sie sind Gisela Haidachers Sache zweifellos nicht. Schon der schmale Zugangsweg zu ihrem Haus im oberbayrischen Maisach lässt ahnen, dass hier eine Leidenschaftlerin am Werke war. Meterhohe Rosenbüsche flankieren den Pfad, schwingen sich über Rankbögen und klettern bis unters Dach an der Fassade empor. Freilich überrascht bei all dieser wildromantischen Anmutung, dass Gisela Haidacher in diesem Bereich ihre Lieblingsblumen streng nach historischer Klassifikation sortiert hat. Hier die betörend duftende *Rosa damascena*, dort *Rosa centifolia*, die hundertblättrige, die geschichtsträchtige Alba oder die immer etwas steife Gallica: Je eine ihrer Art begrüßt die Besucher sozusagen stellvertretend für ihre Gruppe. Gemeinsam bilden sie einen geradezu schwelgerischen Prolog zu der gekonnten Darbietung auf dem großzügig bemessenen Terrain, das sich an der Rückfront des Wohnhauses bis in die weite Landschaft erstreckt.

Dort wird rasch klar, dass hier eine veritable Sammlerin am Werke war. Rosen, Rosen, so weit das Auge reicht. Nun ist es immer ein schwieriges Unterfangen, Pflanzensammlungen zu einem gelungenen Garten zu komponieren. Gisela Haidacher ist dieses Kunststück gelungen. Wie in den klassischen alten Rosengärten hat sie ihren Beautys je ein eigenes Beet gegönnt. Über achtzig mannshohe Büsche voller Würde wachsen immer schön vereinzelt in einem abgezirkelten Bereich. Mehrere Dutzend solcher Inselbeete sind auf dem lang gestreckten Rasenstück verteilt, sodass man um die Sträucher herumgehen und sie in ihrer ganzen Pracht bewundern und beschnuppern kann. »Rosen sind ja Individualisten«, sagt Gisela Haidacher. »Die brauchen schon einen Platz für sich allein.«

Rosen als Individualisten

Es sind hauptsächlich Alte Rosen, die auf dem humosen Lehmboden des Voralpenlandes geradezu fantastische Dimensionen annehmen. Und das dürfen sie auch. Ihre Hüterin setzt nur dann die Schere an, wenn ihr ihre Lieblinge mal wieder vollends über den Kopf wachsen. Sie mag den natürlichen Habitus der Pflanze, das verschwenderische Wachsen und Treiben, das rauschhafte Blühen, und sie findet es nachgerade ergreifend, wenn die Rosenblätter im Verwelken kaskadenartig zu Boden schweben und auf dem Rasen einen dichten Teppich bilden.

Mit den für Remontantrosen typischen runden, gerüschten Blüten neigt sich die alte Sorte 'Paul Ricault' anmutig über die Gartenbank und verströmt betörenden Duft.

Rosenrausch in Reinkultur: Vor lauter Rosen ist die Hausfassade kaum mehr auszumachen. An den Bögen blühen leuchtend rot die Kletterrose 'Dortmund' und die cremerosafarbene 'New Dawn'.

Diese elementare Opulenz ist der Grund dafür, dass Gisela Haidachers Grün niemals den Eindruck eines botanischen Gartens vermittelt. Zu der Optik eines märchenhaften Dornröschen-Reichs trägt auch grundlegend bei, dass all diese floralen Kostbarkeiten – die einzigartige 'Charles de Mills' mit fast violetten Blüten, die uralte, zartrosafarbene 'Maiden's Blush', die duftig-gerüschte 'Fantin Latour' oder die purpurfarbene 'Souvenir d'Alphonse Lavallé', die munter in den Kirschbaum klettert – nicht in Reih und Glied wachsen. Die Rosen in ihren Einzelbeeten verteilen sich in lockerer Anordnung auf dem Gelände, als seien sie hier zufällig zu Gast gewesen und, weil es so traut und angenehm war, einfach geblieben.

Das alles wirkt sehr natürlich, aber nie wild. Die eigentlichen »Wilden« hat Gisela Haidacher weiter hinten untergebracht, da, wo der Garten in die freie Landschaft übergeht. Dort wachsen sie überbordend in einem streng formalen, halbrundförmigen Beet, die Hunds- und die Essigrose, Kohl- und Apothekerrose und viele andere Wildformen, die früh im Jahr blühen und später im Jahr bis weit in den Winter hinein mit einem funkelnden Schmuck scharlachroter Hagebutten glänzen.

Grüne Fakten

Größe: 3 000 qm

Zeit zum Einwachsen: Bis die Rosen die derzeitige Höhe und Opulenz entwickelt hatten, dauerte es zehn Jahre.

Pflegebedarf: Während der Saison verbringt Gisela Haidacher jeden Tag drei Stunden im Garten, vor allem um Verblühtes abzuschneiden, hohe Büsche mit Holzstäben abzustützen und ihre Rosen hochzubinden.

Blütenreich hinterm Deich

Für Susanne Wessels kam es bei der Anlage ihres Rosengartens nicht darauf an, die einzelnen Sorten ihrer eindrucksvollen Sammlung perfekt in Szene zu setzen. Ihr ging es um eine, wie sie sagt, »wildromantische Atmosphäre«, einen üppig blühenden Rahmen, der zu dem über hundert Jahre alten Kapitänshaus passt, das sie mit ihrer Familie vor elf Jahren im niedersächsischen Elsfleth bezogen hat. Ihr Garten ist in seiner ma-

lerischen Anmutung ein gelungenes Beispiel dafür, wie nostalgisch und verschwenderisch ein zeitgenössischer Rosengarten aussehen kann, ohne dass dafür ein Höchstmaß an Pflegeaufwand betrieben werden muss.

Schon Jahre bevor die Familie ihr neues Domizil bezog, hatte Susanne Wessels ihr Herz an Alte Rosen verloren. Aus ihrem vorherigen Garten brachte sie über zwanzig Büsche mit ins neue Grün hinter dem Deich,

»denn dieses Haus schrie geradezu nach Rosen«, so die gelernte Gärtnerin. Die Erste, die sie im neuen Garten pflanzte, war eine 'Alba Maxima', die gemeinsam mit Wessels umgezogen war. Der Umzug fand in einer frostfreien Februarwoche statt, die Pflanze musste schnell in die Erde. Susanne Wessels platzierte sie so, dass sie vom Küchenfenster aus einen freien Blick auf ihr Schätzchen hatte – eine eher aus dem Bauch ge-

'Alba maxima' und die rosafarbene 'Comte de Chambord' flankieren mit Frauenmantel den Gartenpfad. Rechts klettert die Rose 'Raubritter' an der Fassade empor.

troffene planerische Entscheidung, die sich im Nachhinein als goldrichtig erwies. Um die cremeweiße Alba entwickelte sich Stück für Stück der übrige Rosengarten.

Ein ovalgeformtes Beet gab es bereits im Vorgarten. Susanne Wessels umrahmte es mit Buchsbaum, bepflanzte es mit ihren Gallicas, Damaszenas und Portlandrosen, setzte Fingerhut und Frauenmantel dazu und übernahm die ovale Form auch für ihre übrigen Beete im hinteren Gartenbereich.

Pflegeleichte Diven

Inzwischen sind die Konturen meist kaum mehr auszumachen. So dicht an dicht stehen die über 200 Büsche, dass kein Flecken Erde mehr zu sehen ist. Sie entwickelten sich in dem fruchtbaren Marschland zwischen Hunte und Weser zu eindrucksvollen Gestalten, die sich gern in ungezwungener Nonchalance miteinander verweben, in die alten Obstbäume ringsum klimmen, Dächer erobern und auch sonst gern machen dürfen, was sie wollen. Das kommt der von der Gärtnerin gewünschten Natürlichkeit und Üppigkeit bestens entgegen. Insbesondere Susanne Wessels kleine Kollektion moderner Kletterrosen und Rambler nutzt dieses großzügige Laisser-faire. Die Sorte 'Bobby James' mit cremeweißen

◀ Die Alte weiß blühende Rose 'Alba Maxima' steht im Zentrum des Gartens. Für Geselligkeit und Spiel gibt es ein großzügiges Stück Rasen.

Dolden wuchs ursprünglich in einen alten Birnbaum und bahnte sich, nachdem der Baum dem Alter zum Opfer gefallen war, einen Weg zum Hausdach hin, das sie inzwischen erobert hat. 'New Dawn' mit perlmuttfarbenen Blüten rankt mit der rosafarbenen 'Raubritter' an der Hausfassade empor, und 'Venusta Pendula' bedeckt das Garagendach.

Wo die ausladenden Diven noch Platz gelassen haben, wächst die klassische Rosenbegleitung aus pflegeleichten Stauden wie Frauenmantel, Katzenminze und Lavendel. Aber sie sind nur Statisten in diesem Schauspiel. Gemeinsam mit der robusten Vitalität der Protagonistinnen ist die bodendeckende Bepflanzung das Geheimnis der Pflegeleichtigkeit. Susanne Wessels hat drei Kinder und ist Geschäftsfrau. Sie hat keine Zeit, jeden Tag in ihrem Grün Unkraut zu zupfen oder ihre Blütenschätze zu päppeln. »Ich häufele meine Rosen im Herbst nie an und spritze auch

nicht«, sagt sie. Die Pflanzen in ihrem Garten müssen im Großen und Ganzen allein zurechtkommen. Und das tun sie erstaunlicherweise auch. Hin und wieder zahlt es sich eben aus, wenn man der Natur größtenteils ihren Lauf lässt.

Grüne Fakten

Größe: 1 200 qm.

Zeit zum Einwachsen: Insgesamt brauchten die Rosen sechs Jahre, bis sie Fuß gefasst hatten und so verschwenderisch an großen Büschen blühten wie jetzt. Der Garten wirkt jedoch in seiner Opulenz deutlich älter.

Pflegebedarf: Susanne Wessels muss dank der geschickten Dicht-an-dicht-Bepflanzung in der Woche höchstens vier Stunden in ihrem Grün arbeiten.

EXTRA: Alte & Englische Rosen

Die meisten Rosen werden nach ihrer Abstammung eingeordnet, manche aber auch nach ihrer Wuchsform. Dabei haben zum Beispiel einige Strauchrosen auch kletternde Sorten entwickelt und werden mal als Strauch-, mal als Kletterrose geführt. Insofern ist die Rosen-Systematik eine Kunst für sich und nicht selten eine Ermessensfrage. Die beliebtesten Gruppen sind derzeit Alte und Englische Rosen. Unter Alten Rosen versteht man alle Arten und Sorten, die es vor dem Jahre 1867 gab. In diesem Jahr wurde die Sorte 'La France' eingeführt, die als die erste Teehybride gilt. Teehybriden blühen im Gegensatz zu den älteren Sorten mehrfach und wachsen oft weniger buschig als ihre Vorfahren. Die Konzentration der Züchter auf möglichst große, makellose Blüten in vielen neuen Farben geschah indes leider auf Kosten von Duft und Anmut.

Alte Rosen sind da ganz anders. Sie blühen nur einmal im Jahr und dann in den sanfteren, weicheren Tönen, die viele Gartenfreunde heute bevorzugen. Ihre charakteristischsten Eigenschaften sind jedoch ihr betörender Duft und ihr nostalgischer Charme. Nach langem Dornröschenschlaf sind sie alle seit den 70er-Jahren des vergangenen Jahrhunderts wieder auf dem Markt.

Auslöser für die Renaissance war der Engländer David Austin, der Anfang der 60er-Jahre Neuzüchtungen einführte, die die mehrfache Blüte und das breite Farbspektrum der Teehybriden mit dem intensiven Duft und dem Habitus der alten Sorten vereinen. Das Interesse an diesen Englischen Rosen war gewaltig, und im Verlauf ihres Siegeszuges um die Welt besann man sich auch wieder auf ihre Ahnen, die historischen Sorten.

Mittlerweile haben auch deutsche Züchter unter dem Stichwort »Nostalgierosen« eine ganze Bandbreite von neuen »Alten« auf den Markt gebracht. Sie besitzen die Vorzüge der Austin-Sorten, sind aber den kontinentalen Verhältnissen oftmals besser angepasst als viele der Englischen Rosen.

◀ Die süß duftende, historische Zentifolie 'Fantin Latour' verleiht dem Bauerngarten als Hochstamm eine elegante Note. Ihre üppige Krone muss abgestützt werden.

▶ 'Leonardo da Vinci'

Die Strauchrose ist eine neue Züchtung, besitzt mit ihren stark gerüschten, dunkel-rosafarbenen Schalenblüten jedoch den romantischen Charme der alten Sorten. Die Pflanze wächst kompakt und bildet bis zu 2 m hohe Büsche. Einziger Wermutstropfen ist der nur sehr schwach ausgeprägte Duft.

▲ 'Crocus Rose'

Die Strauchrose ist eine Kreation des Züchters David Austin aus dem Jahr 2000. Die cremeweißen Blüten zeigen die typischen Rüschenblätter, die das Markenzeichen Englischer Rosen sind.

▼ *Rosa gallica* 'Versicolor'

Die rosa-weiß-gestreifte, halbgefüllte 'Versicolor' ist wohl der berühmteste Gallica-Abkömmling. Sie wird bis zu 1,5 m hoch und überzeugt einzeln und in der Gruppe.

▼ 'Madame Hardy'

Die prächtige Damaszenerrose ist wegen ihrer reinweißen, gefüllten und leicht nach Zitrone duftenden Blüten beliebt. Die einmal blühende, sehr robuste Sorte besitzt gesundes, dichtes Laub in sattem Grün und kann bis zu 2 m hoch werden. Sie kommt als Solitär ebenso gut zur Geltung wie im Beet.

▲ 'Ballerina'

Die einfachen, rosa-weißen Blüten der aus dem Jahre 1937 stammenden Züchtung erinnern ein wenig an Wildrosen. 'Ballerina' blüht mehrfach im Jahr, bedeckt rasch größere Flächen und ist ideal für frei wachsende Hecken. Im Beet und im Kübel macht sie sich aber auch gut als etwa 80 cm hohe Stammrose.

Naturnahe Gärten – dem Paradies so nah

Zwischen Wildnis und Zivilisation

Im Jahre 1870 erschien das Buch »The Wild Garden« von William Robinson, und auch wenn es in den vergangenen 140 Jahren viele Gartentrends gegeben hat, so haben wir doch alle die ökologische Lektion, die uns dieser britische Gartenrebell gelehrt hat, im Hinterkopf, wenn wir an die Anlage des eigenen Grüns gehen. Das ist selbst dann so, wenn wir nie von Robinson gehört, geschweige denn seine Schriften gelesen haben. Das von Robinson empfohlene Gestalten mit standortgerechten, winterfesten Stauden, die einen wildhaften Charakter haben und noch nicht allzu sehr von Züchterhand domestiziert wurden, zählt heute zum gängigen Repertoire eines gelungenen Gartens – auch dann übrigens, wenn er nicht in naturhaftem Stil angelegt wurde.

In Deutschland wurden solcherart von der Natur inspirierte Gärten erst im Zuge der Umweltbewegung Mitte der 70er-Jahre des vergangenen Jahrhunderts beliebt. Im Naturgarten, so das Credo, sollen heimische Wildpflanzen angesiedelt werden, um der heimischen Tierwelt den angestammten Lebensraum, auf den sie angewiesen ist, zurückzugeben. Chemische Pflanzenschutz- und Düngemittel sind verpönt. Ein an sich lobenswerter Gedanke. Nur hält sich auch seit über dreißig Jahren das hartnäckige Missverständnis, ein nach den Regeln der Natur gestalteter Garten könne vollkommen sich selbst überlassen bleiben, und der Mensch dürfe dort gleichsam nur noch als Beobachter zugelassen werden. Ein Garten ist nun einmal per definitionem ein kultiviertes Stück Land, und das benötigt permanent die pflegende Hand des Menschen. Ohne Eingriffe wird ein Naturgarten zwangsläufig irgendwann zur Wildnis.

Heimische Pflanzen oder Multikulti?

Ob ein kleines Waldstück am Gehölzrand mit Farnen und heimischen Schattenstauden, eine herrlich blühende Wildblumenwiese oder ein Teich, der bedrohten Tierarten ein Refugium bietet: All diese so natürlich wirkenden Gartenbereiche sind ein Stück Zivilisation und bedürfen, wenn sie gut aussehen sollen und das ökologische Gleichgewicht bewahrt werden soll, der ständigen Fürsorge. Überdenkenswert ist sicherlich auch der Standpunkt, dass in einem Naturgarten ausschließlich heimische Pflanzen in Arten wachsen sollten, das heißt keine gezüchteten Sorten und keine Kreuzungen.

Ist er wohlüberlegt angelegt, kann ein nur mit heimischen Wildpflanzen gestalteter Garten ein wundervolles Kleinod sein. Die Frage ist, ob wir dauerhaft auf gefüllte Rosenblüten, auf lilienblütige Tulpen, auf Dahlien und Funkien verzichten wollen. Eine weitere Frage ist: Wann ist eine Pflanze eigentlich heimisch? Ist ein Kraut, das mit den Römern über die Alpen zu uns kam, heimisch? Und müssen wir Pflanzen, die im Mittelalter als Samen über die Hufe der Pferde über weite Strecken zu uns gelangten, aus unserem Naturgarten verbannen?

Die Natur selbst scheint das alles ohnehin entspannter zu sehen. Heimische Falter, Schwebfliegen, Hummeln und Bienen lieben etwa den aus China eingewanderten Schmetterlingsflieder, denn kaum eine andere Blütenpflanze bietet ihnen im Spätsommer so reichlich Nahrung. Insekten machen auch keinen Unterschied zwischen heimischer Wiesenflockenblume oder dem Kleinen Klappertopf einerseits und Lavendel aus dem Mittelmeerraum, Strauchpäonien aus Japan sowie Mahonien aus Nordamerika andererseits: Sie fliegen gleichermaßen auf alle.

◄ Als wär's ein Stück Natur: So präsentiert sich diese wildhafte Wiese unter alten Obstbäumen. Beim Kaffeetrinken kann man ganz entspannt die vielfältige Fauna ringsum beobachten und sich an ihr freuen.

Eine andere Art des Sehens

Die Natur lässt sich nicht kopieren, und wir sollten das auch gar nicht erst versuchen. Die Anlage eines Naturgartens kann nur ein Versuch sein, uns der Natur anzunähern, mit ihr im Einklang zu leben und ihr möglichst keinen Schaden zuzufügen. Das ist schon eine ganze Menge, wenn man bedenkt, wie in der Vergangenheit gegärtnert wurde, nämlich ausschließlich in Hinblick auf Ertrag oder Effekte.

Die Anlage eines Naturgartens erfordert daher zunächst einen Umdenkungsprozess und auch eine andere Art des Sehens. Ein Naturgarten wird von Pflanzengemeinschaften geprägt und nicht etwa von der Schönheit einer einzelnen Blüte oder dem attraktiven Habitus eines Gehölzes. Darüber hinaus ist das Denken in Zyklen eine zentrale Bedingung. Pflanzenmaterial, das bei der Gartenpflege anfällt, wird kompostiert und dem Garten wieder zugeführt. Regenwasser wird gesammelt und gespeichert, damit die Beete in trockenen Zeiten gewässert werden können, ohne auf die wichtige Ressource Trinkwasser zurückgreifen zu müssen. Damit möglichst wenig Fläche versiegelt wird, sind Wege aus Mulch oder Kies gepflasterten Pfaden vorzuziehen.

Blühende Landschaften mit wilden Gesellen

Die Bepflanzung des Naturgartens sollte aus standortgerechten und möglichst heimischen Gewächsen bestehen, die nicht mit viel Dünger gepäppelt werden müssen. Ein Blick in die Umgebung gibt nützliche Hinweise für die Pflanzenauswahl. Was in der Landschaft ringsum wächst und gedeiht, passt auch in den Naturgarten. In sonnigen Lagen mit magerem Boden lassen sich Wildwiesen oder Kiesgärten anlegen, von altem Baumbestand profitieren schattenliebende Waldstauden und Farne.

◄ Auf einem sonnigen Flecken am lichten Gehölzrand haben sich Berufskraut *(Erigeron)* und Pfirsichblättrige Glockenblume *(Campanula persicifolia)* angesiedelt.

Weiße Nachtviolen *(Hesperis matronalis)* spielen die Hauptrolle in dieser frühsommerlichen, halbschattigen Rabatte mit Wildnischarakter. Auf der Trockenmauer hat sich rosafarben blühendes Bohnenkraut *(Satureja montana)* eingerichtet.

Wer nicht ausschließlich auf heimische Wildpflanzen zurückgreifen möchte, sollte Pflanzen wählen, die noch ein wenig von ihrem naturhaften Charakter bewahrt haben. Das können für den Waldgarten die zarten Elfenblumen *(Epimedium)* oder die rispenartigen Prachtspiere *(Astilbe)* sein, in sonnigen Rabatten Indianernessel *(Monarda)*, Goldrute (Solidago) oder Sonnenhut *(Rudbeckia)*.

Wer nicht sein gesamtes Grün in eine ökologische Nische verwandeln will, kann sich auf einen Teilbereich des Gartens beschränken. Der Gehölzrand, der viele Reihenhausgärten be-grenzt und oft ein bisschen vernachlässigt wird, könnte zu einem kleinen Hain umfunktioniert werden, den Fingerhut *(Digitalis)*, Schlüsselblume *(Primula elatior)*, Akelei *(Aquilegia)* und andere den Halbschatten liebende Gewächse in ein blühendes Kleinod verwandeln. Flächen unter Laubbäumen sind im Frühling licht und offen und daher auch der ideale Platz für viele früh blühende Zwiebelblumen. Narzissen und der von Bienen so früh im Jahr überaus geschätzte Elfen-Krokus *(Crocus tommasinianus)* fühlen sich hier wohl und bilden mit den Jahren große Kolonien. Ist es feucht, kann man der selten gewordenen Schachbrettblume *(Fritillaria meleagris)* ein Refugium bieten.

Eine andere Möglichkeit, sich ein Stück Natur in den Garten zu holen, ist die Umwandlung nur einiger Quadratmeter Rasen in eine Wiese. Dafür lässt man bewusst zu, dass sich krautige Pflanzen im Wiesenstück vermehren oder pflanzt selbst Wildblumen an. Auf größeren Grundstücken kann man auch einen Naturteich anlegen. Frösche, Kröten und Libellen werden das Angebot dankbar annehmen und sich schon bald von ganz allein einstellen.

Wer naturnah gärtnert, schafft nicht nur ein Refugium für manch selten gewordene Wildpflanze, sondern auch wichtigen Lebensraum für viele Tiere. Sie stellen sich meist von ganz allein ein, und es ist manchmal verblüffend zu sehen, wie schnell Igel, Singvögel, Schmetterlinge, Bienen, Frösche und Kröten wild wachsende Winkel des Gartens in Besitz nehmen. Das kann außer einer bunten Blumenwiese und einem Naturteich auch eine aus verschiedenen heimischen Gehölzen zusammengesetzte Hecke sein. Naturhecken sind

ausladender als die exakt getrimmten grünen Wände aus Eibe oder Buche und benötigen viel Platz. Dafür bieten sie das ganze Jahr hindurch ein abwechslungsreiches Bild. Im Frühjahr sind sie Brutstätte für eine große Anzahl Vögel.

Hilfen für Helfer

Später im Jahr bieten Hecken aus Hundsrose *(Rosa canina)* und Holunder *(Sambucus nigra)*, Schlehe *(Prunus spinosa)*, Stechpalme *(Ilex aquifolium)* und Weißdorn *(Crataegus*

monogyna) ein verschwenderisches Blütenspektakel. Im Herbst prunken sie dann mit leuchtend roten Hagebutten und vielen Beerenfrüchten, die wiederum im Winter jeder Menge Tieren als Nahrung dienen.

Eng begrenzte, schattige Grundstücke, auf denen viele Stadtgärtner ihr Grün bestellen, profitieren von einer Fassadenbegrünung. Mit einem dichten Mix aus Geißblatt *(Lonicera)*, Waldrebe *(Clematis)*, Hopfen *(Humulus lupulus)* und Efeu *(Hedera helix)* werden umgebende Gemäuer kaschiert und zahlreiche Vögel ange-

lockt. Anstatt zu versuchen, auf solch dunklem Terrain einen Rasen anzulegen, sollte man es wie einen Waldboden behandeln. Farne, aber auch typische Waldblumen wie Buschwindröschen, Waldmeister, Maiglöckchen, Duftveilchen und Lungenkraut bilden mit der Zeit große Kolonien.

Um Tiere im Garten anzusiedeln, kann man auch ein wenig nachhelfen. Nistkästen für Höhlenbrüter wie Meisen, Kleiber und Sperling sind weit verbreitet. Ähnliche Kästen gibt es für Fledermäuse. Sie werden an einer kühlen Mauerwand in mindestens 5 m Höhe platziert. Igel freuen sich über einen üppigen Laub- oder einen Totholzhaufen als Ruheplatz und Winterquartier. Sie lassen sich gut in selten genutzten Randzonen des Grundstücks aufschichten. Als biologische Schädlingsbekämpfer sind Vögel, Fledermäuse und Igel willkommene Helfer des Gärtners. Eher unscheinbare Nützlinge sind die Blattläuse vertilgenden Ohrwürmer, die sich tagsüber gern in einem mit Holzwolle gefüllten Blumentopf verkriechen, der kopfüber in einen Baum gehängt wird.

Der beste Schutz und die günstigste Förderung für die wilde Fauna sind und bleiben indes artenreiche Gärten mit einer üppigen Vegetation und der Duldung von wilden Flächen mit Wiesenblumen, Wasserstellen, Steinhaufen und Holzstapeln.

◀ Naturhecken mit Beeren tragenden Gehölzen sind eine Augenweide und bieten vielen Tieren im Herbst und Winter Nahrung.

Ein Platz für wilde Tiere

Ein sogenanntes **Insektenhotel** aus Ziegeln und Holzbündeln bietet Hautflüglern wie etwa der Wildbiene eine willkommene Nisthilfe. Wildbienen haben für die Bestäubung eine ebenso große Bedeutung wie Honigbienen, sind jedoch weitaus weniger aggressiv.

Die Indianernessel (*Monarda*) ist eine Einwanderin aus Nordamerika, im Spätsommer aber eine wertvolle Nektarspenderin für viele Insekten.

Für die Raupen des Scheckenfalters schafft man ein wildes Wieseneckchen mit ihren liebsten Futterpflanzen wie Spitzwegerich und Ehrenpreis.

Ein Willkommen der Extraklasse präsentiert sich bereits am Hauseingang der Manscheks. Ein Meer aus Akeleien hat sich unter der Blasenesche ausgesät und entfaltet im Frühling ein märchenhaftes Bild.

Wildwuchs mit System

Ganz naturnah und gern auch ein bisschen wild. So wollten Christa und Eckehard Manschek ihren Garten haben, als sie vor 19 Jahren das abseits gelegene Grundstück im bayrischen Moosen, vierzig Kilometer nordöstlich von München, kauften. Niemand sonst hatte an dem Gelände Interesse. Ein unter Naturschutz stehender Teich gehörte zum weitläufigen Terrain, und die damit verbundenen ökologischen Auflagen schreckten offensichtlich manch potenziel-

len Käufer. Für Manscheks schien das alles wie maßgeschneidert. Er, Landschaftsarchitekt und Mitglied im Bund Naturschutz, und sie, aktive Tierschützerin, wollten schließlich »nichts Geschniegeltes«, so Christa Manschek. Ihr Garten sollte ein der natürlichen Umgebung angepasstes Refugium werden, in dem Flora und Fauna, aber ganz klar auch die in ihm gärtnernden Menschen ihren Platz finden. Damit die gesamte Anlage stimmig wirkt, wurde sogar das Haus

mit ins naturnahe Konzept eingebunden. Es ist aus Holz gebaut und fügt sich so auf dezente Weise hervorragend ins Grün ringsum.

Bei der Bepflanzung gingen Manscheks mit Bedacht vor. Das Paar legt großen Wert auf eine standortgerechte Pflanzenverwendung. Gewächse rein nach Gusto zu kaufen, empfinden sie fast schon als frevelhaft »Die kümmern doch sowieso nur vor sich hin«, meint Christa Manschek. »Man sollte sich schon informieren, was wo wächst und wie zusammenpasst.«

Die Balance bewahren

Auf dem recht feuchten und lehmigen Grund ihres Gartens wachsen Farne, Funkien und Federmohn *(Macleaya microcarpa)*. Prachtspiere *(Astilbe)* und Knöterich *(Polygonum)* bilden dichte Horste, und am Bachlauf, der die beiden Teiche verbindet, hat Eckehard Manschek die in Deutschland in ihrem Bestand gefährdete Trollblume *(Trollius europaeus)* angesiedelt. Vor dem Haus, wo der Boden ein bisschen trockener ist, bilden im Frühjahr Hunderte Akeleien *(Aquilegia)* ein malerisches Empfangskomitee. Sie dürfen sich nach Belieben selbst aussamen; in Maßen wohlgemerkt. Denn auch wenn es nicht so aussieht, ist alles in diesem Garten geplant. Manscheks haben ihr Grün jederzeit im Blick

und achten darauf, dass keine Art überhand nimmt und die natürliche Balance stets gewahrt bleibt. Bei aller Liebe zur Natur halten Christa und Eckehard Manschek nichts davon, ausschließlich heimische Pflanzen in ihrem Garten anzusiedeln. Beide mögen nicht auf Alte Rosen, Taglilien und ihre Sammlung exotischer Gehölze verzichten. Blasenesche *(Koelreuteria paniculata)*, Tulpenbaum *(Liriodendron tulipifera)* und Trompetenbaum *(Catalpa)* sowie eine Kolonie von Zierkirschen *(Prunus serrulata)* tragen ungewöhnlichen Blatt- und Blütenschmuck zu den wilderen Pflanzengesellen bei. Der Fauna scheint es nicht zu schaden. Ringelnatter und Blindschleiche haben sich angesiedelt, Teich- und Grünfrösche sowie eine vielfältige Vogelpopulation sind in Manscheks Garten zu Hause, und sogar der Eisvogel schaut regelmäßig vorbei und holt sich ein paar Fische aus dem Teich.

Ohrwürmer fressen gern Blattläuse. Mit Stroh gefüllte Blumentöpfe, die Manscheks in die Bäume gehängt haben, dienen den kleinen Helfern als Unterschlupf.

Am Bachlauf, der die beiden Teiche auf dem Grundstück verbindet, wachsen unter anderem Farne und Federmohn.

Grüne Fakten

Größe: 4 000 qm.

Zeit zum Einwachsen: Vor allem durch das Anpflanzen der Gehölze dauerte es zehn Jahre, bis der Garten sein jetziges Gesicht hatte.

Pflegebedarf: Durch den dichten Bewuchs ist der Garten sehr pflegeleicht. Da es aber auch noch ein Gemüsebeet, ein Gewächshaus und eine Kübelpflanzensammlung gibt, arbeiten Manscheks pro Tag ein bis zwei Stunden in ihrem Grün.

EXTRA: Das Glück liegt in der Wiese

Reisenden, die in den vergangenen Jahren auf grünen Touren durch England unterwegs waren, kennen Christopher Lloyd als den Herrn von Great Dixter, einer der schönsten Gartenanlagen der Insel. Der im Jahr 2006 verstorbene Autor und Gärtner war berühmt, aber auch berüchtigt für seine ungewöhnliche Pflanzenverwendung, seine Vorliebe für starke, leuchtende Farben und exotisch anmutende Rabatten. Doch diese mitunter etwas schrille Extrovertiertheit im Gartenstil Lloyds hatte ein zartes, beschauliches Pendant. Seine große Leidenschaft galt der Kunst des Wiesengärtnerns. Auf weiten Flächen hat er sich in Great Dix-

ter über Jahrzehnte hinweg dieser nur scheinbar mühelosen Disziplin gewidmet und ein Standardwerk darüber geschrieben.

Vermutlich lag es in den Genen. Lloyds Eltern legten den Garten von Great Dixter kurz vor dem Ersten Weltkrieg an. Seine Mutter (ihr Mädchenname war Daisy Field) pflanzte einen Botticelli-Garten, zu dem sie des Künstlers Gemälde »Frühling« angeregt hatte. Sie schuf herrliche Tapisserien aus Knotenblumen, Tuberosen, Krokus, Narzissen, Schachbrettblumen und Knabenkraut. Ein Erbe, auf dem man aufbauen kann. Der Sohn erweiterte, optimierte und variierte die Wiesengärten auf seinem

Anwesen und schaffte es mit den Jahren, sie vom Frühling bis zum Herbst in ein Blütenmeer zu verwandeln.

Die Notwendigkeit zu experimentieren

Nicht jeder hat das Glück, auf so großzügig bemessenem Terrain gärtnern zu können. Aber für eine Wildblumenwiese ist selbst auf kleinen Grundstücken Platz. Man muss dazu nicht einmal gleich den ganzen Rasen opfern. Eine kleine wilde Ecke in einem sonnigen, wenig genutzten Teil des Gartens, wo das Gras des Rasens einfach mal wachsen darf, dient Schmetterlingen und Wildbienen bereits als wertvoller Lebensraum.

Für das Wiesengärtnern in größerem Stil muss zunächst der Boden geprüft werden. Eine farbenfrohe Wildstaudenwiese gedeiht nur auf magerem Boden. Von zu viel Nährstoffen profitieren lediglich die Gräser, die sich dann auf Kosten einer bunten Blumenvielfalt ausdehnen und sie verdrängen. Daher werden Wiesen auch weder gedüngt noch gewässert. Zur Bodenvorbereitung wird zunächst der gesamte Bewuchs entfernt. Ist der Boden nährstoffreich, muss der Mutterboden abgetragen

◀ Genau so stellen wir uns die ideale Blumenwiese vor. Eine solch farbenfrohe Pflanzung erzielt man am allerschnellsten mit Annuellen.

Wiesengärtnerei ist Entspannung pur. Außer zweimal im Jahr Mähen muss der Gärtner nichts tun und kann die Natur ringsum in vollen Zügen genießen.

werden, um die unteren, mageren Erdschichten freiuzulegen. Harken und walzen macht den Boden schön feinkrümelig für die Saat, die in der Regel im Frühjahr erfolgt. Im Frühling blühende Zwiebelblumen werden im Herbst gesetzt. Soll ein schon bestehender Rasen in eine Wildblumenwiese umgewandelt werden, muss die Grasnarbe angehoben und gelockert werden. Bei nährstoffreichem Boden ist es einfacher, den Rasen zu entfernen und Sand in den Boden einzuarbeiten. Zur Aussaat sollte der Boden feucht sein und auch mehrere Wochen feucht gehalten werden.

Bei eine Staudenwiese heißt es nun Geduld haben. Bis die Saat aufgeht, können Monate ins Land ziehen. Raschere Erfolge erzielt man mit einer Annuellenwiese, in der einjährige Wiesenblumen den Ton angeben. Hier darf der Boden ruhig nährstoffreicher sein. Die Aussaat ist im Frühjahr, und bereits nach wenigen Monaten zaubern die intensiven Farben der floralen Saisonarbeiter einen bunten Blütenteppich auf die Wiese. Einjährige und Stauden sollten auf der Wiese nicht gemischt werden, da die Annuellen die Stauden im ersten Jahr beschatten würden – zwar nicht so, dass sie eingingen, aber genügend, um sie zu schwächen.

In Great Dixter variiert die Bepflanzung der Wiesen von Jahr zu Jahr. Christopher Lloyd liebte gerade diese Dynamik, das sich ständige Verändern seiner »Webteppiche«. »Ein Teil der Faszination eines Wiesengartens«, meinte er, »liegt in der Notwendigkeit, zu experimentieren.«

SO GEHT'S — Blumenwiesen richtig mähen

❀ Eine mit Wildstauden bepflanzte Wiese wird im ersten Jahr vier bis fünf Mal gemäht, um die Stauden zu fördern und die einjährigen Unkräuter zu schwächen.

❀ In der Folgezeit muss ein- bis zweimal im Jahr mit Sense oder Balkenmäher gemäht werden, und zwar das erste Mal nach der Hauptblüte im Juli oder August; der zweite Schnitt erfolgt im Herbst.

❀ Das Schnittgut sollte zwei, drei Tage auf der Wiese liegen bleiben, damit die Samen herausfallen können. Anschließend wird es entfernt.

Japangärten – die Kunst der Beschränkung

Orte der Kontemplation

Japanische Gärten wurden im Westen erstmals während der zweiten Hälfte des 19. Jahrhunderts populär. Damals öffnete sich Japan nach Jahrhunderten der Abschottung für Europa und die USA, und japanische Gärten mit roten Brücken, strohgedeckten Teehäusern, Steinlaternen und Bonsaibäumchen waren vor allem im edwardianischen England und in Nordamerika groß in Mode. Diese Gärten waren im Grunde alle ein großes Missverständnis. Ebenso wie das Klischee eines vor Blüten nur so strotzenden Japan, wie wir es aus Giacomo Puccinis Oper »Madame Butterfly« kennen. Dort streut die Titelheldin zur Begrüßung ihres amerikanischen Ehemanns Kirschblüten, Jasmin, Lilien und Tuberosen ums Haus.

Inzwischen wissen wir mehr über die japanische Gartenkultur. Ihr Reichtum liegt im Wesentlichen in der Beschränkung. Die für europäische Gärten charakteristische farbenfrohe Blütenpracht werden wir in japanischen Anlagen vergebens suchen. Es gibt auch keine Beete. Die drei klassischen Grundtypen des japanischen Gartens – Teichgarten, Trockenlandschaftsgarten und Teegarten – sind allesamt inspiriert von der faszinierenden Natur des Inselstaates. Dazu kommen die Einflüsse des Zen-Buddhismus. Während Gärten im Westen auf vielfältige Weise aktiv genutzt werden, dienen japanische Gärten in erster Linie als Anschauungsobjekt und der Kontemplation.

Ein Stück geborgte und abstrahierte Landschaft

Durch das Interesse an fernöstlichen Religionen rückte während der vergangenen vierzig Jahre auch der japanische Gartenstil in den Fokus westlicher Pflanzenfreunde. Dank der Beschäftigung mit dem spirituellen Aspekt, der japanischen Gärten zugrunde liegt, entwickelte sich schließlich ein tieferes Verständnis für das eigentliche Wesen dieser Gärten. Wenn Japaner in ihrem Grün die Landschaften ihrer Inseln mit Bergen, Seen, Wasserfällen und Kiefernwäldern nachzubilden suchen, so entstehen dabei keine Kopien von landschaftlichen Szenerien. Vielmehr ist das Ziel, den Charakter einer Landschaft zu ergründen und sie mit wenigen gestalterischen Mitteln und auf eher abstrakte Weise im eigenen Garten wiederzugeben. Das geschieht unter anderem mit Felsen, deren Bedeutung auf die Verehrung heiliger Steine in grauer Vorzeit, aber auch auf die Wertschätzung heiliger Berge im Buddhismus zurückgeführt werden kann. Größe, Form, Textur und Platzierung sind dabei seit jeher ein Hauptanliegen der japanischen Gartengestalter.

Teiche wiederum repräsentieren die sanften Flüsse und stillen Seen und natürlich das Meer, das die japanischen Inseln umschließt. Sie sind meist natürlich angelegt und mit einer ausgewogenen Uferbepflanzung versehen. Ist der Garten zu klein, werden Wasserelemente mit geharktem Sand nachgebildet. Dieser Abstraktion bedient man sich auch im Trockenlandschaftsgarten, der nach dem Beispiel des berühmten Gartens des Tempels Ryoan-ji in Kyoto manchmal nur noch aus Sand, Steinen und etwas Moos besteht. Gemeinhin beherbergt er aber auch einige wenige Pflanzen, die wie eine Insel in einem Meer aus Sand arrangiert sind.

Pflanzen wie Zierkirsche, Ahorn, Azaleen und vor allem in Form geschnittene Immergrüne werden in japanischen Gärten sparsam eingesetzt und gezielt platziert. Rasen gibt es nicht. Stattdessen erfreuen sich Japaner auf ihren nur allzu oft nebelverhangenen Inseln an einem grünen Teppich aus Moos.

◀ Das von Azaleen flankierte, schlichte Holztor verbreitet unaufdringliches japanisches Flair. In Japan dienen diese Tore traditionell als Durchgang zum sogenannten Inneren Garten, in dem das Teehaus steht.

Die Natur als Abstraktion

Auch wenn die Japaner selbst ihre Gärten als naturalistisch verstehen, so sehen wir mit westlichen Augen eher die strenge Schlichtheit dieser Anlagen und die Betonung von Form und Raum. Der formale Charakter japanischer Gärten liegt dabei nicht in der Symmetrie wie etwa in den großen europäischen Anlagen des 16. und 17. Jahrhunderts, sondern in der Asymmetrie. Steine, Wasser und Pflanzen werden nach sorgfältig überdachten asymmetrischen Prinzipien angeordnet. Felsen und Steine spielen dabei eine weitaus größere Rolle als Pflanzen. Im Gegensatz zu der Vergänglichkeit der Pflanzen stellen Felsen die scheinbar unerschütterlichen und unveränderbaren Elemente im Garten dar.

Bei der Planung eines japanischen Gartens gilt die erste Überlegung der Platzierung des größten und schönsten Felsens. Er schafft die Struktur des Gartens, und nach ihm richtet sich alles andere. Hohe, aufrechte Steine wirken lebendig und dynamisch, während flache, rundliche Steine eine friedvolle, ruhige Atmosphäre schaffen. Sie werden im Garten so eingesetzt, als lägen sie bereits seit eh und je dort, und es gilt als große Kunst, sie auf solch natürliche Weise anzuordnen. In Verbindung mit einem Teich können Steine felsige Halbinseln, Buchten oder Steilufer bilden. In der Nähe des Wassers stellt sich auch der ausdrücklich gewünschte Bewuchs der Steine mit Moos schneller ein.

Bewusste Formgebung ersetzt Blütenpracht

Damit sie möglichst natürlich wirken, sind Teiche in japanischen Gärten meist unregelmäßig geformt. Es gibt traditionelle Teichformen, die die Konturen von Wolken oder Flaschenkürbissen aufweisen oder die den chinesischen Schriftzeichen für Wasser oder Geist nachgebildet wurden. All diese Umrisse sind sanft fließend und weisen interessante Uferlinien auf, weshalb Teiche und Seen in Japan nach wie vor nach diesen Vorbildern gestaltet werden. Im Uferbereich können Schwertlilien *(Iris)* und Japanischer Kalmus *(Acorus gramineus)* wachsen, insgesamt ist jedoch die Bepflanzung in japanischen Gärten von minimalistischer Art. Blüten spielen in der Gartengestaltung eine untergeordnete Rolle. Der Eindruck von Opulenz wird nicht durch eine Vielfalt verschiedener blühender Gewächse erzeugt, sondern durch den gezielten Einsatz einzelner, sorgfältig platzierter, oft im-

Weniger ist mehr: Steinsteg, Felsen, Wasser und eine zurückhaltende Bepflanzung verbreiten ganz automatisch authentisches japanisches Ambiente.

Trittsteine führen übers Wasser zu dem strohgedeckten Teehaus im japanischen Stil. Statt üppiger Blütenrabatten sorgen sorgfältig beschnittene Gehölze wie die flächig geformte Kiefer für einen Eindruck von Opulenz.

mergrüner Bäume oder Sträucher. Dem Formschnitt kommt dabei eine besondere Bedeutung zu. Pflanzen werden schon ausschließlich ihrer Form wegen ausgesucht. Diese Grundform der Pflanze wird ausdrücklich respektiert und soll durch den Schnitt eher herausgearbeitet als verändert werden.

Das mag uns beim Anblick von Kiefern oder Wacholder, die zu exotisch anmutenden Wolkenbäumen getrimmt wurden, seltsam erscheinen. Für Japaner indes zeigen ihre formal beschnittenen Bäume und die abstrakten Felsgruppierungen mit ihrer beruhigenden, meditativen Aura ein Idealbild der Natur. Bauli-

che Elemente kommen in japanischen Gärten in Form von Teehäusern vor, oder sie umrahmen einen Binnengarten. In der traditionellen japanischen Architektur sind die Grenzen von innen und außen fließend. Wer in seinem Garten im Japanstil ein Gartenhaus integrieren will, sollte auf eine möglichst schlichte Bauweise achten. Mit einem denkbar einfachen Gebäude im Stil japanischer Teehäuser mit Schiebewänden- und -türen sowie Bambusjalousien und Glasscheiben in Pergamentoptik wird man diesem Anspruch des gleitenden, harmonischen Übergangs am besten gerecht.

Wo im japanischen Garten Teiche angelegt sind, führen meist auch Brücken oder Trittsteine übers Wasser. Die zinnoberrote, gebogene Brückenvariante ist bekannt. Sie eignet sich in ihrer farblichen Dominanz allerdings ausschließlich für sehr große Gärten, schließlich gehörte dieser Brückentyp im 10. und 11. Jahrhundert in die weitläufigen Lustgärten des Adels. Zu kleinen Anlagen passen hölzerne Bogenbrücken aus ungefärbten Stämmen oder Planken oder aber einfache Steinstege weit besser. Sie kommen der Vorliebe des Zen für eine strenge, schlichte Naturdarstellung am ehesten entgegen.

Ausgehöhlte Natursteine werden in Japan gern zum Schöpfbecken umfunktioniert, in dem die Gäste sich vor der Teezeremonie die Hände waschen können.

Der japanische Gartenstil ist in erster Linie Ausdruck einer Geisteshaltung. Die meisten Menschen, die einen japanisch inspirierten Garten anlegen, haben sich irgendwann mit der dahinterstehenden Philosophie beschäftigt. Denn beschnittene Bäume, eine spärliche Pflanzenauswahl und viel Kies, Sand und Steine machen noch keinen japanischen Garten aus. Alle Elemente müssen Teil einer harmonischen Gesamtkonzeption sein, um schließlich als Ganzes diese spezielle Atmosphäre von Ruhe, Heiterkeit, Ordnung und stiller Kontemplation auszustrahlen, die wir an japanischen Gärten so lieben. Einzelne Accessoires können diese Stimmung nicht herbeizaubern, sie aber in gelungenen Anlagen durchaus unterstützen.

Zu den bekanntesten und beliebtesten Dekorationsobjekten in einem japanischen Garten zählen hierzulande die Steinlaternen. Diese Votivlampen säumten schon immer die Wege und Straßen zu Shinto-Schreinen und buddhistischen Klöstern. In den Garten gelangten sie mit der Entwicklung der Teegärten im 15. Jahrhundert. Sie spendeten Licht und verbanden in ihrer mal schlichten, mal prunkvollen Gestaltung auf vorbildliche Weise das Nützliche mit dem Schönen. Es gibt insgesamt vier Grundtypen. Die rundliche »Oki-gata« steht auf flachen Steinen; die mit aufwendiger Ornamentik versehene »Tachi-gata« verwendete man früher in Schreinen und Tempeln; die eher schlichte »Ikegomi-gata« wird in den Boden gesteckt und kommt besonders gut in Tee- und Binnengärten zur Geltung; die »Yukimi-gata« wiederum steht auf Füßen und kann daher gut zwischen Sträucher gestellt werden. Heute sind Steinlaternen in der Regel reine Dekoration. Ihre frühere Funktion versucht man jedoch im Bewusstsein zu bewahren, indem man sie so platziert, dass sie auch ihrem eigentlichen Zweck gerecht werden könnten.

Authentizität statt purer Kopie

Ebenso wie die Steinlaterne finden wir auch die meisten anderen Accessoires vor allem in japanischen Teegärten, in denen sie in erster Linie einen funktionalen Wert haben. Damit die Gäste vor der Teezeremonie ihre Hände waschen können, stehen spezielle Schöpfbecken bereit. Mit einem Bambusrohr als Wasserzulauf lassen sie sich gut als dezentes Wasserelement im Garten integrieren. Neben dem ausgehöhlten Naturstein gibt es für Wasserschöpfbecken noch weitere verschiedene traditionelle Formen. Einige zeichnen die rundlichen Blütenkonturen einer Japanischen Aprikose nach, anderen dienen die vielblättrigen Chrysanthemenblüten als Modell. Es gibt hohe, zylindrische Becken und Bassins, deren Vorbild in dem berühmten Zen-Garten des Tempels Ryoan-ji in Kyoto steht. Dort sind um eine quadratische Wasseröffnung in vier chinesischen Schriftzeichen die Worte eines Zen-Meister eingemeißelt: »Das einzig Wichtige ist zu wissen, wie man Zufriedenheit erlangt.«

Für welches Becken man sich auch immer entscheidet, wichtig ist, dass es im traditionellen Teegarten immer eine Funktion erfüllt und nie bloßer Zierrat ist. Es dient dem Wohlbefinden und der Erfrischung des Besuchers und sollte daher stets gut zugänglich sein. Eine dazugelegte Schöpfkelle signalisiert ebenfalls Gastlichkeit. Zäune oder Sichtschutzwände aus Bambus, die im traditionellen Teegarten das Terrain strukturieren und zum Teil auch abschirmen, tragen viel zu der intimen, privaten Stimmung im Garten bei. Man kann sie auch gut als Rankgitter einsetzen, sollte jedoch bedenken, dass Bambuszäune nicht von Dauer sind. Sie verwittern und müssen spätestens nach fünf Jahren ersetzt werden. Es spricht jedoch nichts dagegen, statt Bambus lokale Materialien wie Holz zu verwenden. Die Kunst besteht schließlich nicht darin, ein fremdes Land zu kopieren, sondern sich der wesentlichen Stilmittel zu

bedienen, die japanischen Gärten die ihnen eigene Atmosphäre verleihen.

Harmonie und Kontrast

Viel Sorgfalt wird in japanischen Gärten auf die Gestaltung der Wege verwendet. In Teegärten tragen flache Trittsteine wesentlich zur Einstimmung in die Teezeremonie bei, indem sie den Gästen ein konzentriertes Gehen abverlangen. Die Steine fügen sich unauffällig in die Bepflanzung oder auch einen Teich ein. Sie weisen einen Weg über das Wasser oder durch weiche Moosflächen, ohne diese zu zerstören. Es gibt verschiedene Verlegemuster, wobei Symmetrie und Geradlinigkeit auch hier grundsätzlich vermieden werden. Vielmehr sollen die Steine auf möglichst

natürliche Weise durch den Garten führen. Gern verwendet wird auch eine Kombination aus bearbeiteten Steinen in regelmäßigen Formen und unbearbeiteten Natursteinen, sodass ein gewisses Spannungsverhältnis entsteht. Es ist nicht ganz leicht, dieses ausgewogene Verhältnis zwischen Harmonie und Kontrast zu erzeugen. Ebenso wie mit Felsen muss man auch mit den Trittsteinen im Garten selbst experimentieren und sie so lange umgruppieren, bis sie perfekt zueinanderpassen. All diese an sich sehr funktionalen Accessoires spielen in japanischen Gärten eine mindestens ebenso große Rolle wie die Pflanzen. Blühende Gehölze, Stauden und einjährige Blumen werden sehr zurückhaltend eingesetzt. Es dominieren ganz überwiegend die Grüntöne.

Bambus wird in japanischen Gärten vor allem als Werkstoff eingesetzt. Hier begrenzt er als schlichter Zaun ein Farnbeet.

Eine »Ikegomi-gata«-Steinlaterne hat in diesem Teegarten noch ihre Funktion bewahrt und beleuchtet ein Wasserschöpfbecken.

Bepflanzung: Weniger ist mehr

Pflanzenvielfalt und überbordende Blütenfülle ist dem japanischen Garten fremd, denn sein Hauptmerkmal liegt auch hier in der Zurückhaltung. Die eindrucksvollsten Gewächse in japanischen Gärten sind jene immergrünen Gehölze, die wie riesige Bonsais zu sogenannten Wolkenbäumen geschnitten werden. Bevorzugt werden dafür Nadelbäume wie Kiefer *(Pinus)*, Steineibe *(Podocarpus macrophyllus)* und Chinesischer Wacholder *(Juniupeus chinensis)*. Aber auch einige immergrüne Laubgehölze lassen sich zu kunstvollen Solitären trimmen. Die Japanische Stech-palme *(Ilex crenata)* mit ihren kleinen, runden Blättern sowie die ähnlich belaubte Duftblüte *(Osmanthus heterophyllus)* eignen sich für Formschnitt besonders gut.

In Form geschnittene Gehölze haben in japanischen Gärten ebenso wie in westlichen Anlagen die Aufgabe, das Terrain zu strukturieren. Der Unterschied besteht darin, dass Japaner ihre Pflanzen nie zu geometrischen Gebilden formen, sondern sie mit geschwungenen und unregelmäßigen Konturen versehen. Selbst Azaleen werden zu flachen oder rundlichen Kuppeln getrimmt, was zur Blüte im Frühjahr zu fantastischen Effekten führt. Ansonsten werden den Blütenpflanzen in japanischen Gärten sparsam eingesetzt.

Wenige Solitäre statt bunter Vielfalt

Vor dem immergrünen Hintergrund getrimmter Gehölze, zwei, drei Felsen sowie einem Grund aus geharktem Sand ist der Garten ganzjährig schön und unverändert. Den Wechsel der Jahreszeiten verkünden nur wenige, gezielt platzierte Gewächse. Kirsche *(Prunus serrulata)* und Japanische Aprikose *(Prunus mume)* sind die klassischen Frühlingsblüher. Im Sommer setzen die Blütenbälle der Hortensien *(Hydrangea macrophylla)* markante Akzente, und der Herbst ist natürlich die große Zeit des Ahorns *(Acer palmatum)*.

Bambus, den wir ebenso wie den Ahorn mit japanischen Gärten verbinden, wird dort eher selten eingesetzt. Er ist vor allem wegen seines interessanten Holzes beliebt, das für Zäune und Paravents benutzt wird. In größeren Anlagen kann man Bambushaine bewundern. Allerdings bilden die Pflanzen dort keine großen, wandähnlichen Horste. Auch Bambus entgeht nicht der Vorliebe der Japaner für beschnittenes Grün. Die unteren Zweige der Pflanzen werden entfernt, sodass sie eine hübsche Krone bilden und sich zu zauberhaften, lichtgrünen Wäldchen formieren.

Die japanische Kirschblüte ist ein Synonym für den Frühling. In Privatgärten wird der Kirschbaum in der Regel als Solitär eingesetzt, der von den Jahreszeiten kündet.

◄ Kiefer

(Pinus parviflora 'Negeshi')
Eine der beliebtesten Pflanzen für Formschnitt und Bonsais. Es gibt viele verschiedene Arten, die allesamt anspruchslos sind und auf jedem Boden zurechtkommen. Die Sorte 'Negeshi' trägt auffallend graublaue Nadeln und wächst relativ langsam.

▼ Ahorn

(Acer palmatum)
Es gibt viele verschiedene Sorten. Vor allem im Herbst ziehen sie mit leuchtend rotem, gelbem oder orangefarbenem Laub die Blicke auf sich, ihr anmutiger Wuchs überzeugt aber auch im übrigen Jahr. Sie gedeihen in lockeren, humosen Böden in Sonne und Halbschatten.

▲ Azalee

(Rhododendron japonicum)
Die Sammelbezeichnung »Japanische Azaleen« umfasst Züchtungen aus den in Japan beheimateten kleinblättrigen Wildarten. Sie bleiben meist niedrig, wachsen buschig und warten wie die Sorte 'Palanza' mit einer reichen Blüte auf.

▶ Bambus

(Phyllostachys aureosulcata f. spectabilis)
Es gibt viele verschiedene Gräser, die wir unter dem Begriff »Bambus« zusammenfassen. Die hier gezeigte Art treibt lange Ausläufer, wächst sehr schnell und wird bis zu sieben Meter hoch. Bambus liebt einen sonnigen bis halbschattigen Standort und einen nährstoffreichen, durchlässigen Boden.

121

Schrebergarten auf Japanisch

Als Thomas Glaser vor 16 Jahren daranging, seinen Schrebergarten im japanischen Stil umzugestalten, war seine Familie skeptisch. Schreberanlagen sind nicht zwingend prädestiniert für ambitionierte Gartenträume, und mit ein bisschen Gemüse, Obst und Blumen hatte die Verwandtschaft seit 50 Jahren die besten Erfahrungen im Düsseldorfer Kleingartenverein »Löricker Wäldchen« gemacht. Thomas Glaser ließ sich indes nicht beirren und überzeugte schließlich auch die Familie. Auf dem größten Teil der Parzelle erstreckt sich inzwischen ein japanischer Teichgar-

ten in schönster Manier; ein Garten, bei dem auf den ersten Blick klar ist, dass hier alles bedacht platziert und nichts dem Zufall überlassen wurde. Mit Thomas Glasers Passion für fernöstliche grüne Kunst ging auch ein tieferes Interesse am Zen-Buddhismus einher. Das macht sich im Garten bemerkbar. Alles ist makellos gepflegt, Ordnung, Kontrolle und Beschränkung kommen als Schlüsselkomponenten klar zum Tragen. »Ich denke, man muss schon ein bisschen japanisch denken, wenn man einen japanischen Garten anlegen will«, sagt Thomas Glaser.

Es ist ein faszinierendes Erlebnis, inmitten des üblichen Schrebergrüns plötzlich in Glasers Japangarten zu stehen. Vor allem im Frühling denkt man hier nicht gleich an Beschränkung. Dann gleicht die Parzelle einem Schmuckkästchen, in dem es an allen Ecken und Enden schimmert und funkelt. In dieser Zeit blühen fast alle der über siebzig Azaleen gleichzeitig in den leuchtendsten Tönen von Weiß über Rosa bis hin zu Scharlachrot. Aber so ungewöhnlich diese Farbenpracht so früh im Jahr auch sein mag, die eigentliche Exotik liegt in der Form der Büsche. Wie es in Japan üblich ist, schneidet Thomas Glaser seine Azaleen zu rundlichen Kuppeln. In sanften, unregelmäßig konturierten Erhebungen rahmen sie mit mehreren Felsformationen das Ufer der Wasserlandschaft, die die smaragdgrüne Rasenfläche in einem Halbrund umgibt.

Idealisierte Natur

Die Gesamtwirkung ist trotz des kunstvollen Formschnitts verblüffend natürlich. Fast lehrbuchmäßig wird die Illusion von einer lieblichen Hügellandschaft erzeugt, mit dazwischen gestreuten zerklüfteten Bergen und einem still ruhenden See. Genau diese Intention, die Natur in idealisierter Form ins eigene Grün zu holen, hat Thomas Glaser von der fernöstlichen Gartenkunst überzeugt. Er sieht in ihr

Die Natur stand Pate: Eine blühende Hügelkette aus beschnittenen Azaleen umgibt die ruhige Teichlandschaft mit dem zum Wolkenbaum getrimmten Wacholder.

Von der Laube aus schweift der Blick über den Rasen hin zur »geborgten Landschaft«. Trittsteine führen zu dem schmalen Steg, der sich über den angrenzenden Gartenteich spannt.

eine tiefe Verehrung der Schöpfung und versteht es, seiner schmal bemessenen Schreberparzelle tatsächlich eine Anmutung von »geborgter Landschaft« zu verleihen, dem Ideal jeglicher japanischen Gartenkunst. Aber auch in einer anderen Hinsicht wird diesem Ideal Rechnung getragen: Der Frühling ist in diesem Garten ein Paukenschlag und erinnert in seiner spektakulären Farbenpracht an die japanischen Blütenfeste am Ende des Winters. Danach wird es ruhiger. Die Azaleenkuppeln sind den Sommer über grün und strahlen die heitere Stimmung einer lieblichen, bewaldeten Hügelkette

aus; ein Stück »geborgte Landschaft« auf Parzelle Südweg 9.

Nun ist Thomas Glaser Gärtner von Beruf und somit Pflanzenliebhaber aus Profession. Hin und wieder hat er versucht, der stillen Harmonie ein paar Farbtupfer in Form von Blütenstauden hinzuzufügen. Es passte nicht. Aber er braucht das auch nicht. Glaser liebt die friedvolle Atmosphäre seines Gartens, schneidet seine Azaleen fünf- bis sechsmal im Jahr zurecht und wartet auf den Herbst, wenn die Ahornbäume in seinem Grün Feuer fangen und mit ihrem glühenden Laub noch einmal das Geschehen mit Farbe erfüllen.

Grüne Fakten

Größe: 260 qm.

Zeit zum Einwachsen: Bis Azaleen und andere Gehölze eine annehmbare Höhe erreicht hatten und der Formschnitt zum Tragen kam, dauerte es vier Jahre.

Pflegebedarf: Acht Stunden pro Woche verbringt Thomas Glaser in seinem Garten. In dieser Zeit beseitigt er in erster Linie welke Blüten und schneidet seine Gehölze in Form.

Fernost auf wenig Raum

Rena Schröder-Bourgeois würde nie sagen, dass sie einen japanischen Garten angelegt habe. »Mein Garten ist im asiatischen Stil gestaltet«, stellt sie klar, denn mit den Lehren des Zen-Buddhismus hat sie sich nie beschäftigt. Und auch sonst sind ihr fernöstliche Philosophien und Kultur eher fremd. Allein die Gärten der Region interessieren und faszinieren sie. Nichtsdestoweniger kann ihre Anlage im rheinischen Meerbusch Anregungen für Stil,

Konzept und Bepflanzung eines japanisch inspirierten Gartens geben und ist darüber hinaus ein gelungenes Beispiel für den Umgang mit sehr kleinen Flächen, für die sich das japanische Gartenmodell immer anbietet. Schließlich besteht es im Wesentlichen im Verkleinern, im Konzentrieren und Stilisieren der natürlichen Landschaft – ein Anspruch, dem das Grün von Rena Schröder-Bourgeois überzeugend Rechnung trägt.

Ein Buch über Japangärten, das ihr vor zwanzig Jahren eher zufällig in die Hände gefallen war, wirkte seinerzeit wie eine Initialzündung und regte sie an, ihr noch unbestelltes Grün hinter dem gerade bezogenen Haus nach fernöstlichen Prinzipen zu gestalten. Dies geschah zunächst mit mancherlei Zierrat, wie er japanischen Gärten eigen ist. Accessoires wie mehrere Buddhastatuen, Steinlaterne und Wasserschöpfbecken sind an prominenter Stelle platziert und

Zwei steinerne Drachenhunde bewachen das Tor zum Garten von Rena Schröder-Bourgeois. Der Japanische Fächer-Ahorn mit seinem roten Laub gedeiht im Topf.

Ein an Flusslandschaften erinnernder Kiesweg mit den traditionellen, unregelmäßig geformten Trittsteinen führt um den gesamten Garten herum.

sorgen ganz automatisch für das typische Asien-Flair. Nötig hätte der Garten sie indes nicht.

Denn es sind in erster Linie die schlichte, aber sofort ins Auge fallende Wand im Japanstil am Ende des winzigen Grundstücks sowie die bedacht angeordneten Felsen und Steine, der Teich und die farblich sehr zurückhaltende Bepflanzung, die dem Garten seine typische Note verleihen.

Lust auf freie Flächen

Vor allem der immergrüne Buchsbaum kommt großzügig zum Einsatz. Er wird, wie in Japan üblich, sorgfältig beschnitten, und zwar in den charakteristischen unregelmäßigen Formen, die eher natürliche Hecken- und Waldlandschaften symbolisieren sollen als grüne Kunstwerke, wie es in europäischen Anlagen üblich ist.

◄ Wand in Pergamentoptik, immergrüne Gehölze, Teich, Steine und Accessoires: Was ein Japangarten braucht, ist auf dem winzigen Terrain vereint.

Einige Azaleen steuern im Frühjahr ein bisschen Farbe bei, drei Fächerahorne und ebenfalls beschnittene *Thuja*-Bäume sorgen für Höhe. Ein paar Gräser wachsen an dem winzigen Teich. Blüten gibt es kaum. Der Gärtnerin fehlen sie nicht. Sie liebt die beschauliche Ruhe, die ihre Anlage ausstrahlt. »Die meisten Gärten sind für mich viel zu voll«, sagt sie. »Mir war es wichtiger, dass der Garten das ganze Jahr über gut aussieht.«

Nach vielen Besuchen in japanischen Gärten bevorzugt Rena Schröder-Bourgeois inzwischen eine noch wesentlich minimalistischere Gestaltung. Sie optimiert ihre stille Oase ohnehin von Jahr zu Jahr, und Optimieren heißt bei Rena Schröder-Bourgeois in erster Linie: reduzieren. Immer mehr Pflanzen verschwinden, auch weil sie auf dem guten Boden mit der Zeit zu groß geworden sind, aber auch weil Rena Schröder-Bourgeois eine gewisse Sehnsucht spürt nach freien Flächen. Größere Kiesareale werden ihren Garten wohl in Zukunft weitaus mehr prägen als die grünen Buchsbaumformationen.

Grüne Fakten

Größe: 115 qm.

Zeit zum Einwachsen: Wie in Japan üblich, hat auch Rena Schröder-Bourgeois ihre Gehölze gleich in ansehnlicher Größe angeschafft. Nach drei Jahren hatte der Garten schon sein abgebildetes Aussehen.

Pflegebedarf: Der Garten beansprucht lediglich im Juni zwei bis drei Tage für den Formschnitt. Ansonsten zupft die Besitzerin höchsten hier und da mal etwas Unkraut.

EXTRA: Geschichte des Japangartens

Vermutlich fällt es dem westlich geprägten Menschen schwer, Gemeinsamkeiten auszumachen zwischen den lieblichen japanischen Teichgärten und den abstrakten, minimalistischen Felsgruppierungen eines Zen-Gartens. Und doch gibt es zwischen ihnen eine Verbindung, die sich wie ein roter Faden durch die gesamte 1400 Jahre alte japanische Gartenkultur zieht: Japanische Gärten sind stets Ausdruck der tiefen Liebe der Japaner zu den Bergen, Wäldern und Küsten ihrer Inseln.

Zudem ist die Beziehung zwischen Mensch und Natur in Japan ausgeprägt spirituell. Und obgleich im Laufe der Jahrhunderte mancherlei fremde Einflüsse sowie neue Werte und Lehren auf sie einwirkten, blieben die Grundlagen der Gartengestaltung doch erstaunlich unverändert.

Der Ursprung für die tiefe Naturverbundenheit der Japaner war neben der spektakulären Landschaft vor allem die Religion des Shintoismus mit ihrer Verehrung heimischer Gottheiten, die sich meist in Ehrfurcht gebietenden Bergen, Felsen oder Bäumen offenbarten. Mit dem Buddhismus gelangten im 6. Jahrhundert chinesische Elemente der Gartenkultur nach Japan. Nach dem Vorbild Chinas entstanden prächtige Anlagen im naturalistischen Stil mit Teichen, Inseln und Felsgruppen. Japanische Gärten wurden nach den chinesischen Regeln des Feng Shui angelegt, wenn auch in einer japanischen Abwandlung. Die Natur blieb indes weiterhin die wichtigste Inspirationsquelle der Gestalter.

Symbiose von Tradition und Moderne

Zu Beginn des 10. Jahrhunderts brachen die Beziehungen zu China ab, und die Entwicklung zu einem eigenständigeren, weniger prunkvollen japanischen Gartenstil nahm ihren Anfang. Die Beschränkung auf das Wesentliche ging einher mit den Lehren des Zen-Buddhismus, der durch reisende Mönche wiederum aus China eingeführt wurde und der die Gar-

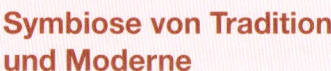
Der schlichte Pavillon wird umgeben von Wasserfall, Bachlauf, Felsen und viel Grün. In japanischen Gärten steht die Natur stets Pate.

Vorbild Ryoan-ji: In der aus Kies geharkten abstrakten Fluss-landschaft liegen Steine und Buchskugeln wie Inseln im Strom.

Zinnoberrote Brücken werden nach wie vor mit japanischen Gärten verbunden, kommen in Japan aber nur in sehr großen Anlagen vor.

tengestaltung wie auch andere Lebens-bereiche Japans stark beeinflusste.

Statt weitläufiger Landschaftsgär-ten kamen nun kleinteilige Anlagen mit einer asymmetrischen Linienfüh-rung und einer eher abstrakten Dar-stellung der Natur in Mode. In Kyoto, vom 8. bis 19. Jahrhundert Japans Hauptstadt, entstanden zwischen dem 14. und 16. Jahrhundert noch heute viel bewunderte Anlagen wie der Moosgarten des Tempels Saiho-Ji und natürlich der Garten um den Tempel Ryoan-ji mit seinen fein komponierten Steininseln auf ge-harktem Sand sowie die trockene Flusslandschaft mit zwei Sandhügeln im Garten des Tempels Daisen-in.

Die Zen-Mönche brachten auch Tee-samen und damit die Teezeremonie nach Japan, die sich im 15. Jahrhun-dert bis in die höfische Gesellschaft ausbreitete. Es entstanden Teehäuser und Teegärten mit nur wenigen,

dafür prägnanten Pflanzen sowie steinernen Reinigungsbecken und Steinlaternen. Im 17. Jahrhundert setzte parallel zu dem meditativen Zenstil in den Residenzen der Aristo-kratie eine Rückkehr zu einer weit-läufigeren und ungezwungeneren Gestaltung ein. Die Gärten wurden wieder prachtvoller und farbenfro-her. Gleichwohl bestand der Zenstil in den Tempeln weiterhin fort, wie überhaupt Althergebrachtes und

lange Traditionen in Japan selten von modernen Zeitströmungen ver-drängt werden, sondern sich stets mit dem Neuen vermischen. Und so ist trotz der tiefen Verwurzelung der ja-panischen in der chinesischen Gar-tenkultur aufgrund der Fähigkeit der Japaner, sich Fremdes zu eigen zu machen und neu zu interpretieren, im Laufe der Jahrhunderte eine ganz eigene, authentische japanische Gar-tenkunst entstanden.

TIPP   **Japan in Deutschland**

Auch in Deutschland gibt es einige bemerkenswerte japanische Gartenanlagen. Eine kleine Auswahl:

- ❀ **Augsburg:** Japanischer Garten im Botanischen Garten; www.augsburg.de
- ❀ **Berlin:** Japanischer Garten im Erholungspark Marzahn; www.gruen-berlin.de
- ❀ **Bonn:** Japanischer Garten im Freizeitpark Rheinaue; www.bonn.de
- ❀ **Hamburg:** Japanischer Garten im alten Botanischen Garten; www.plantenunblomen.de
- ❀ **Kaierslautern:** Japanischer Garten auf dem Gelände der Landesgarten-schau 2000; www.japanischergarten.de
- ❀ **Leverkusen:** Japanischer Garten, Carl-Duisberg-Park; www.leverkusen.de

Moderne Gärten – der erweiterte Wohnraum

Grüner Salon und Wellness-Oase

Im beginnenden 21. Jahrhundert sind Privatgärten verstärkt ein Ort der Ruhe, der Entspannung und des Rückzugs vom Trubel der Welt. Wir müssen weder vom Ertrag unseres Gartens leben wie unsere bäuerlichen Vorfahren, noch wollen wir mit seiner Großartigkeit prunken und ihn zu Repräsentationszwecken nutzen, wie es in höfischen Gesellschaften der Vergangenheit üblich war. Vielleicht empfinden einige von uns die Pflicht oder das Bedürfnis, das eigene Grün in eine ökologische Nische für Fauna und Flora zu verwandeln. Die Naturgartenbewegung ist sicher eines der großen Gartenthemen des vergangenen Jahrhunderts, das bis in unsere Zeit hineinwirkt. In der Regel jedoch liegt der Zweck eines Gartens heute einzig und allein darin, seinem Besitzer zu mehr Wohlbefinden zu verhelfen. Ein Garten ist erweiterter Wohnraum, in dem gegessen, geplaudert, gelesen und gearbeitet wird, in dem Feste gefeiert und ganze Sommertage verträumt werden.

Auch dieser Gedanke ist nicht wirklich neu. Er geht auf die Reformbewegung zurück, die sich ähnlich dem englischen Arts-and-Crafts-Movement Anfang des 20. Jahrhunderts auch in Deutschland bemerkbar machte. Im Jahre 1903 kam Hermann Muthesius aus England nach Deutschland zurück. Sieben Jahre hatte der deutsche Architekt als Kulturattaché an der Deutschen Botschaft in London verbracht und sich dort mit der Landhausarchitektur befasst. Er hatte beobachtet, dass der Garten in England mehr und mehr als eine Fortsetzung der Räume des Hauses wahrgenommen wurde und versuchte, diesen Trend auch in Deutschland populär zu machen.

Dialog zwischen Haus und Natur

Angesichts der steigenden Nachfrage nach kleinen Hausgärten war um 1900 auch hierzulande eine Abkehr vom Ideal des Gartens als landschaftsähnlichem Park wahrzunehmen. Sowohl Muthesius wie auch andere Wortführer einer modernen Gartenbaukunst, zu denen unter anderem der Direktor der Hamburger Kunsthalle Alfred Lichtwark zählte, sahen in der Anwendung geometrischer Gestaltungsprinzipien das zukunftsweisende Modell eines neuen Gartenstils und prägten schon damals den Begriff vom »Garten als erweitertem Wohnraum«.

Während Muthesius, Lichtwark und ihre Mitstreiter einst versuchten, die Gartenkunst zu revolutionieren, ist die Erweiterung des Wohnraums nach draußen in den Garten heutzutage eher der schieren Notwendigkeit geschuldet. Der Platz im Haus ist oft genug knapp bemessen. Da weichen wir bei schönem Wetter mit Vorliebe ins Freiluftzimmer aus.

Nichtsdestoweniger beinhaltet Gartengestaltung auf kleinen Flächen früher wie heute vor allem eine klare Linienführung und eine geschickte Raumaufteilung. Es ist auch sinnvoll, das Farb- und Formkonzept des Gartens auf die Architektur des Hauses zu beziehen, was in den meisten modernen Gärten ganz selbstverständlich geschieht. »Der Garten muss zum Haus passen« ist mehr denn je die Formel zeitgemäßer Gartengestaltung. Denn anders als in vergangenen Jahrhunderten, als der Garten sich auf großzügigem Gelände irgendwo in der weiten Landschaft verlor und man sich auch gewagte Experimente leisten konnte, ist er heute beim Blick aus dem Wohnzimmerfenster allgegenwärtig, und das meist sogar ganzjährig. Das Haus wirkt also nicht allein auf den Garten, der Garten wirkt zurück ins Haus. Beide bilden eine Einheit.

◀ Dieser Innenhofgarten ersetzt im Sommer glatt das Wohnzimmer. Herzstück ist ein formaler Swimmingpool. Pflanzen wurden zurückhaltend eingesetzt, und statt Rasen bedeckt pflegeleichter Kies den Boden.

Klar und kosmopolitisch

Es ist ein interessanter Aspekt moderner Gartengestaltung, dass zwar insgesamt eine Atmosphäre des Friedens und der Geborgenheit, der Vertrautheit und Intimität angestrebt, gleichzeitig jedoch der Einfluss fremder Kulturen spürbar wird. Der neue Gartenstil ist kosmopolitisch geprägt, und er bedient sich vieler Ideen, die wir von Reisen in fremde Länder mit nach Hause gebracht haben. Mediterrane Leichtigkeit mit hellen Materialien und den so beliebten Pflanzen aus dem Mittelmeerraum sind ebenso zu finden wie die symmetrischen Wasserkanäle, die wir aus islamischen Gärten kennen, oder asiatischer Minimalismus, in dem vor allem Immergrüne den Ton angeben und der bisweilen sogar ganz ohne Pflanzen auskommt.

Aufgrund einer globalisierten, vernetzten Welt werden aber auch die Pflanzenpalette sowie der Umfang der für den Gartenbau verfügbaren Materialien immer größer. Benutzten wir früher für den Terrassen- oder Wegbelag Naturstein oder Kies aus den Steinbrüchen der näheren Umgebung, holen wir uns heute Teakhölzer aus den tropischen Regenwäldern oder Steine aus italienischem Carraramarmor in den Garten. Auch Beton, Plastik, Glas und Edelstahl haben Einzug in den grünen Bereich gehalten und schaffen vielleicht etwas gewöhnungsbedürftige, aber durchaus spannende und je nach Kontext sogar behagliche neue Gartenwelten. Behaglichkeit wird im modernen Garten freilich nicht durch opulente Ornamentik erzielt. Zum Beispiel sollte für einen nach den Prinzipien der Geometrie ausgelegten Gartenraum auch das Mobiliar eine schlichte Form und Linienführung aufweisen.

Bewährte Elemente in neuem Kontext

Ob Tisch und Stühle dabei aus Metall, Holz oder Kunststoff gefertigt sind, ist unwesentlich. Wichtiger ist zurückhaltende Eleganz, die den Stil des Gartens widerspiegelt. Designermöbel erfüllen dabei bisweilen sogar eine Doppelfunktion als Skulptur.

Außenjalousien geben der Terrasse einen ausgeprägten Hintergrund. Dazu passen schlichte Möbel und Formschnittgehölze.

Eine mit Sandstein gefüllte Gabione dient dem formalen Schwimmteich als markanter Sicht- und Schallschutz.

Hier ist abzuwägen, ob nicht der Komfort dem Stil geopfert wurde.

Auch Pflanzgefäße werden im modernen Grün in Verbindung mit architektonischen Gewächsen gern wie Kunstobjekte behandelt. Dies kann zum Beispiel ein einziger großer Metallwürfel mit einer skulpturalen Artischocke, einem Hochstämmchen oder einer Schmucklilie sein oder eine Gruppe kleinerer, identischer Kübel in klaren Formen, die mit Buchsbaumkugeln bepflanzt und paarweise oder in einer Reihe aufgestellt wurden. Zurückhaltung bei der Bepflanzung ist auf jeden Fall ratsam. Eine vielfältige Sammlung verschwenderisch bepflanzter Töpfe ist in ihrer zwanglosen Wirkung ungeeignet für das klar gestylte Ambiente ringsum.

Bei aller Experimentierfreudigkeit modernen Gartendesigns wurden doch viele bewährte Elemente der Vergangenheit beibehalten. Auch innovative Planer greifen ganz selbstverständlich auf die in der Renaissance entwickelten Raumordnungsprinzipien zurück und bedienen sich der gestalterischen Grundkonzepte, die vor über tausend Jahre in der islamischen Welt entwickelt wurden. Buchsbaumeinfassungen und formale Wasserbecken schmücken unser Grün seit Hunderten von Jahren und haben auch im neuen Kontext nichts von ihrer zeitlosen Schönheit verloren. Gerade Formschnittgehölze passen mit ihren klar umrissenen Konturen perfekt zu dem sachlichen Stil moderner Architektur. Sie werden ähnlich eingesetzt wie in den geometrisch orientierten Gärten der Barock-

Eine parallel verlaufende Abfolge von Kies, Beet, Wasser und Rasen geben diesem kleinen Stadtgarten Struktur. Die Farben sind auf Weiß, Grau und Grün reduziert.

zeit, wo sie Eingänge betonten, Wege markierten oder als Parterre für ganzjährigen unveränderlichen Schmuck sorgten. Im Gegensatz zur Vergangenheit werden geschnittene Sträucher in den Gärten der Gegenwart indes gern in einer Spannung erzeugenden asymmetrischen Formalität dargestellt und auch so platziert. Als Vorbild dient eher der japanische Gartenstil als das geometrische Gleich-

maß im Europa des 16. Jahrhunderts. Und so unterschiedlich Japanstil, Barock oder Moderne sich in gartengestalterischer Sicht auch geben, gemein ist ihnen, dass Pflanzen nicht um ihrer selbst willen kultiviert werden, sondern als Ausdrucksmittel dienen. Sie spielen nicht die Hauptrolle im Garten, sondern werden minimalistisch eingesetzt – und mitunter verzichtet man sogar ganz auf sie.

Auch unter modern gestalteten Gärten sind Anlagen ganz ohne Pflanzen sicherlich die Ausnahme. Pflanzen werden jedoch selten als vielfältige, natürlich anmutende Gemeinschaft in Beeten präsentiert, sondern sind fast immer integrierter Bestandteil der räumlichen Gestaltung des Gartens. Ob gestutzt und geformt oder aber als markanter Blickfang ordnen sie sich doch jederzeit ganz und gar dem vorgegebenen Design unter. Sie grenzen ab, setzen Akzente oder verschmelzen mit dem Hintergrund. Das erinnert stark an die großen Anlagen des Barock, und tatsächlich sind es auch heute noch die gleichen Pflanzen, die die klare Linienführung moderner Gärten auflockern und gleichzeitig unterstreichen. Buchsbaum und Eibe gehören nach wie vor zu den Lieblingspflanzen der Gestalter. Den pflegeleichten Immergrünen lässt sich jedwede Form diktieren, und sie sind ganzjährig attraktiv.

Pflanzen als Werkstoff

Doch selbstverständlich sind im Laufe der Jahrhunderte in einer sich kosmopolitisch gebenden Welt weitere Pflanzen hinzugekommen, die dem formalen Aspekt des modernen Gartens ebenso Rechnung tragen wie die altbewährten Strukturgewächse vergangener Epochen. Dazu gehören schnittverträgliche Laubgehölze, die nicht allzu viel Raum beanspruchen, wie die Kugel-Robinie *(Robinia pseudoacacia)* oder die Ahornblättrige Platane *(Platanus × hispanica)*, die

In Form geschnittene Eibenhecken umhegen den grünen Salon und bilden die Kulisse für ein Topfensemble mit weißer Calla und modernen Designermöbeln.

sich auch im kleinsten Grün noch als veritable Hausbäume stilisieren lassen. In größeren Anlagen verlangen rundkronige Bäume nach Duplikation. Aber auch Pflanzen mit architektonischem Habitus passen gut zu dem neuen formalen Gartenstil. So bringen etwa mannshohe Gräser wie Chinaschilf *(Miscanthus sinensis)* und Pampasgras *(Cortaderia selloana)* Dynamik und Lebendigkeit in die statische Szenerie. Ein einzelner Baum mit gefälliger Gestalt und attraktivem Blattwerk wie Felsenbirne *(Amelanchier lamarckii)* oder Fächer-Ahorn *(Acer palmatum)* kann ähnlich wie

Zwei schirmartig getrimmte Platanen spenden Schatten in dem kleinen Gartenraum und vermitteln mit der in Terrakottarot gestrichenen Wand eine behagliche Atmosphäre.

Solitär eingesetzt, andere in wiederholter Abfolge im Topf und auch im Beet verwendet, denn Wiederholung ist ein wirkungsvoller Bestandteil moderner Gartengestaltung. In der Vorstellung vom erweiterten Wohnraum werden Pflanzen gleichwohl vor allem als Gestaltungsmaterialien verstanden, die gleichberechtigt neben anderen Werkstoffen wie Stein, Holz oder Metall existieren. Diese Werkstoffe steuern gemeinsam mit dem Mobiliar Farbe und Textur bei. Heller Kalkstein und weißer Kies wirken elegant und nobel. Eine terrakottafarbene Sichtschutzwand hat eine warme und behagliche Ausstrahlung. Blüten werden zur Untermalung der Atmosphäre im Garten nicht mehr benötigt und, wenn überhaupt, nur sehr sparsam eingesetzt.

Zeitgemäßer Purismus

All diese Komponenten machen den Garten extrem pflegeleicht. Es ist ja nicht nur so, dass für die immense Vielfalt an Pflanzen, die viele berühmte Anlagen des vergangenen Jahrhunderts auszeichnete, in unseren heutigen Gärten im wahrsten Sinne des Wortes kein Platz mehr ist. Wir haben in der Regel auch weder die Zeit noch das Geld, solche aufwendigen Anlagen zu pflegen und zu unterhalten. Ein Belag aus Kies oder Holz zum Beispiel ist allemal pflegeleichter als eine tipptopp in Schuss zu haltende Rasenfläche, und eine Abfolge mehrerer mit Buchsbaumkugeln bepflanzter Gefäße macht viel weniger Arbeit als eine gemischte Rabatte.

Bäume in japanischen Anlagen dem Garten eine natürliche Anmutung verleihen, während Exoten wie Neuseeländer Flachs *(Phormium tenax)* mit lanzenförmigem Laub oder Blumenrohr *(Canna indica)* und Calla *(Zantedeschia aethiopica)* mit ihren eigentümlichen Blüten ihn um einige

spektakuläre Elemente bereichern. Sie sollten jedoch im Topf gezogen werden und im Haus überwintern.

So auffällig und außerordentlich diese Pflanzen indes auch erscheinen mögen, sind sie doch stets nur ein kleiner Mosaikstein im großen Gartenbild. Einige von ihnen werden als

Ruhezone im grünen Bereich

Viele Menschen mit einem kreativen Beruf mögen es in ihrem privaten Bereich gern übersichtlich und klar strukturiert. Als der Maler Walter Brems und die Bildhauerin Riet Bosch vor fast zwanzig Jahren ihren Garten im belgischen Hamme planten, hatten sie japanische Anlagen im Sinn.

Die formale Strenge, die ganzjährige Attraktivität und das viele Grün hatten es den beiden Künstlern angetan. »Japanische Gärten sind für uns Oasen der Ruhe«, sagt Walter Brems. »Genau diese Atmosphäre wollten wir hier auch haben.« Darüber hinaus musste der Garten pflegeleicht sein. Sowohl Walter Brems als auch Riet Bosch arbeiten viel und können sich nicht mehrere Stunden am Tag um ihre Pflanzen kümmern.

Das Design des Gartens, der auf dem Gelände einer ehemaligen Brauerei entstand, bringt alle Anforderungen der Besitzer aufs Schönste unter einen Hut. Die Struktur ist dem traditionellen Barockgarten mit seinen Achsen und Formgehölzen entlehnt. In einem langen Rechteck zieht sich ein Seerosenteich von der Terrasse bis hin zu der grauen Sichtschutzwand am Grundstücksende, deren

Das schmale Wasserbecken nimmt die Formen der Architektur auf und zieht sich von der Terrassentür wie eine Achse bis zum Grundstücksende.

Für japanische Momente sorgt ein zum Bonsai-Wolkenbaum geschnittener Buchs.

schmaler Einschnitt die imaginäre Linie fortschreibt. Am Haus flankieren zwei symmetrisch geschnittene Buchsbaumpyramiden und vier Eibenkegel das formale Becken, und auch an der Wand gegenüber stehen zwei spiegelgleich getrimmte Buchsbaumformationen Spalier. Heller Kies trägt zu der klassischen Anmutung bei und gibt der kleinen Anlage stilvolle Eleganz und ein ruhiges Gleichmaß.

Blütenlos glücklich

Aber dies wäre nicht der Garten eines Künstlerpaares, wenn die formale Strenge nicht augenzwinkernd konterkariert würde. Hier und da nämlich sind die Linien der Formgehölze nicht mehr so ganz geometrisch, scheinen die Konturen zu zerfließen wie bei der eher zipfelig als

◄ Die kleine Terrasse neben der Atlas-Zeder fügt sich ebenso dezent ins Grün wie das transparent und luftig und modern wirkende Mobiliar aus Plexiglas.

kegelförmig korrekt geformten Eibe neben dem Wasserbecken. Die zu flachen Hügeln geschnittene Erika am Teich wächst an manchen Stellen einfach über den Beckenrand hinaus, und auf der Kiesfläche breiten sich amorphe Kleckse von Thymian aus. Dieser scheinbare Eigenwille der Pflanzen hebt die Strenge auf und gibt dem Garten eine heitere, zwanglose Note. Möbel aus modernen Materialien wie Acryl und Metall tragen zur entspannten Nonchalance bei.

»Wir haben versucht, klassische Formen mit modernem Design zu verbinden«, sagt Riet Bosch. Als sie und ihr Mann das Haus kauften, lag auf dem jetzigen Terrain des Gartens ein offener Parkplatz. Mit dem Bodenaushub des Teiches wurden die Seiten rechts und links des Grundstücks erhöht. Durch diese Aufschüttungen und die Begrünung schuf das Paar für sich ein Stück Privatheit. Eine mächtige Atlas-Zeder stammt noch aus dem alten Garten der beiden Künstler. Gemeinsam mit einem Ahorn neben

dem Haus sorgt sie für Höhe. Und Blumen? Nein, sie kommen hier kaum vor. Eine Kletterrose am Haus, eine Kolonie Seerosen, das war's. Aber sie fehlen auch nicht wirklich. »Wir lieben das viele Grün«, sagt Walter Brems »Das wirkt einfach beruhigend und entspannend auf uns.«

Grüne Fakten

Größe: 500 qm.

Zeit zum Einwachsen: Durch die vorgegebenen Strukturen von Wasserbecken, Sichtschutzwand und den immergrünen Gehölze sah der Garten schon nach einem Jahr gut aus, wurde seitdem aber in Details immer mal wieder verändert.

Pflegebedarf: Der Garten erfordert nur gelegentlich Aufmerksamkeit, und zwar bei der Grundreinigung im Frühjahr und beim Schnitt der Gehölze im Sommer. Ansonsten wird nur hin und wieder Unkraut gejätet.

Hommage an den rechten Winkel

Geradlinig, schnörkellos und dennoch behaglich: So hießen die Vorgaben für Landschaftsarchitekt Volker Püschel, als er vor sechs Jahren den kleinen Stadtgarten der Familie Erlemann in Köln planen sollte. Das Ergebnis ist ein Paradebeispiel für den nach außen hin erweiterten Wohnraum, was durchaus so gewünscht war. »Wir leben in unserem Garten«, sagt Wiltrud Frerich-Erlemann. Einladende Ecken zum Reden, Lesen, Essen und Träumen gibt es schließlich genug, auch wenn das Grundstück mit durchaus übersichtlicher Größe aufwartet. Volker Püschel löste

das Problem des knapp bemessenen Raums nach dem bewährten und gleichzeitig paradoxen Prinzip der Erweiterung durch Unterteilung. Er gliederte das Terrain in mehrere rechteckige Flächen. Das Herzstück ist ein formales, von hellen Betonplatten und niedrigen Buchsbaumhecken gesäumtes, lang gestrecktes Wasserbecken, auf dessen ruhiger Oberfläche sich der Himmel und die eindrucksvolle Baumkulisse jenseits des Grundstücks spiegeln. An seiner Kopfseite liegt eine der beiden Terrassen, deren kunstvoll verlegter Boden aus Holländischem Klinker an

einen persischen Teppich erinnert und den Wohncharakter der Anlage unterstreicht. Gleich daneben, parallel zu der mit einem filigranen Wandgitter versehenen, weiß gekalkten Backsteinmauer, kann man auf einer Liege Siesta halten, und wer den Garten lieber etwas abseits des häuslichen Geschehens genießen möchte, verzieht sich auf die Bank in der mit Efeu und Klematis umrankten Laube am Ende des Wasserbeckens.

Geblüht wird weiß

Für die breite Treppe, die von der oberen Terrasse in den Garten führt, und für die Traversen, die das leichte Gefälle abfangen, wurde grauweißer Strukturbeton verlegt. Die hell getönten Platten unterbrechen den rotbraunen Klinkerbelag und trennen die einzelnen Bereiche des Gartens deutlich voneinander ab. Auf Rasen wurde verzichtet. Dafür gibt es entlang der Grundstücksumfriedung mehrere von niedrigen Buchsbaumhecken gesäumte, formale Blumenbeete mit lilienblütigen Tulpen im Frühling und später im Jahr mit Rosen, Rhododendren und Clematis. Geblüht wird allerdings nur in einer Farbe, nämlich in Weiß. So mag es die Hausherrin. Die Beschränkung auf wenige Farbtöne steht kleinen Gärten besser zu Gesicht als eine bunte Vielfalt. Weiß und helle Pastelltöne vermitteln darüber hinaus Eleganz und optische Weite.

Der Blick vom ersten Stock aus zeigt die deutliche Gliederung des Gartens in mehrere rechteckige Bereiche. Der rotbraune Klinkerbelag vermittelt Behaglichkeit.

▲ In lauen Sommernächten tauchen Fackeln an den Eckpunkten des Wasserbeckens und unzählige Kerzen das elegante Freiluftzimmer in ein anheimelndes Licht.

◄ Mit wenigen, aber erlesenen Accessoires wie einer weißen Hortensie im Topf, Windlichtern und Laternen wird die wohnliche Atmosphäre des Gartens unterstrichen.

sie allerdings den Pflegebedarf der Anlage. Vom Ahorn auf der Grundstücksgrenze fallen Früchte und Laub auf den Klinkerboden und in das Wasserbecken, die beide nur dann wirklich gut aussehen, wenn sie makellos rein sind.

Ähnlich wie in einem Wohnzimmer regelmäßig Staub gesaugt werden muss, erfordert auch das Freiluftzimmer stetes Säubern und Fegen. Wiltrud Frerich-Erlemann erledigt das alles, aber am liebsten genießt sie ihren Garten einfach nur – vorzugsweise lesend in der lauschigen Laube am Ende des Wasserbeckens.

Wiltrud Frerich-Erlemann und ihre Familie lieben ihre kleine Oase in der City. Sobald es draußen wärmer wird, sind die Terrassentüren geöffnet, und das Leben der Erlemanns spielt sich im Freien ab. »Der Garten hat sehr viel Atmosphäre. Wir fühlen uns einfach sehr wohl darin«, sagt Wiltrud Frerich-Erlemann. Unterschätzt hat

Grüne Fakten

Größe: 180 qm.

Zeit zum Einwachsen:
Zwei Jahre. Vor allem Clematis und Efeu brauchten ihre Zeit, um die Mauern ringsum zu kaschieren und die Laube zu umranken.

Pflegebedarf: Der Garten erfordert über die Woche verteilt drei Stunden Aufmerksamkeit. Dann wird vor allem gefegt und Unkraut gejätet. Einmal im Jahr wird der Buchs geschnitten.

EXTRA: Kunst im modernen Garten

Kunst und Garten – diese Kombination ist nicht neu. Schon im antiken Griechenland und im römischen Reich schmückten Götterstatuen die Gärten. Und auch heute nutzen viele Kunstliebhaber ihre Außenanlagen zur Präsentation ihrer Sammlung. Zu moderner Architektur und einem modernen Garten passen dabei zeitgenössische Werke am besten. Reproduktionen anderer Stilepochen harmonieren selten mit der schlichten Formalität, die den innovativen Gartenstil kennzeichnet. Wichtig ist, darauf zu achten, dass die Kunst nicht zur bloßen Dekoration verkommt.

Wechselwirkung von Pflanze und Skulptur

Es ist ein schwieriges Unterfangen, die Wirkung eines Gartens durch Kunst zu steigern und gleichzeitig der Kunst ein Umfeld zu bieten, das sie optimal zur Geltung bringt. Die Tübinger Bildhauerin Gisela Glucker hat dazu einen überzeugenden Ansatz gefunden. Für sie verschmelzen Garten und Kunst zu einer Einheit. »Der Garten ist für mich eine begehbare Plastik und keineswegs nur das Passepartout für meine Objekte«, sagt sie. Im Privatgarten der Künstlerin bildet ihre Installation »Rondo« eine spannende Wechselwirkung mit dem umgebenden Grün und der Ruhe ausstrahlenden Kiesfläche. Es ist schwierig, sich den Garten ohne dieses Ensemble vorzustellen.

Diese Doppelplastik ist nur eine von vielen Skulpturen in dem in Räume unterteilten Grün des Landschaftsarchitekten Hans Dorn.

Das Zusammenspiel von Garten und Kunst betont auch der Landschaftsarchitekt und Kunstsammler Hans Dorn. »Man kann eine Skulptur im Garten nicht einfach irgendwo hinstellen«, so Dorn. Sein Garten im osthessischen Schlüchtern-Elm ist nach dem Vorbild englischer Landhausgärten in einzelne, unterschiedlich bepflanzte Räume unterteilt, in denen Dorn seine Skulpturensammlung präsentiert. Einer bestimmten Richtung folgt er dabei nicht. »Ich sammle, was mir gefällt«, sagt er. Wichtig ist ihm, dass seine Objekte zu den umgebenden Pflanzen passen,

◄ »Rondo« heißt die Installation aus Altholz und Stahl, die die Tübinger Künstlerin Gisela Glucker für ihren eigenen Garten kreiert hat.

sich ins umgebende Grün integrieren, eben eine Einheit bilden.

Der Garten des Landschaftsarchitekten Joachim Winkler und seiner Frau Lisa in Hude bei Oldenburg wurde bereits bei seiner Anlage vor sechs Jahren als Skulpturengarten konzipiert. Die beiden sind begeisterte Gärtner und kultivieren exquisite Pflanzen. Dennoch stand für das Paar von vornherein fest, dass dieser Garten vor allem Showroom sein würde für die Werke der Tochter, der Bildhauerin und Land-Art-Künstlerin Insa Winkler, und deren Freunde, etwa den schwedischen Bildhauer Richard Brixel. Dessen Skulptur »Der Philosoph« zählt zu den Lieblingen aller drei Winklers. In Insa Winklers eigenen Werken verschmelzen Garten und Kunst oft vollends. In ihren Installationen aus Holz, Stein und Metall spielen immer auch Pflanzen eine Rolle; Pflanzen, die den jahreszeitlichen Zyklen unterworfen sind und die Werke der Bildhauerin immer wieder anders erscheinen lassen - und so die perfekte Symbiose bilden zwischen Kunst und Garten.

Die Skulptur »Der Philosoph« des schwedischen Bildhauers Richard Brixel belebt den frei gestalten Gartenteil des Ehepaares Winkler.

TIPP   **Schöne Kunst-Gärten**

❀ **Stiftung Insel Hombroich,** Neuss; www.inselhombroich.de
❀ **Gärten von Schloss Ippenburg,** Bad Essen; www.ippenburg.de
❀ **Tarot-Garten** von Niki de Saint Phalle, Provincia de Grossetto in der Toskana; www.nikidesaintphalle.com
❀ **Little Sparta,** Garten des Künstlers Ian Hamilton Finlay in Dunsyre, Schottland; www.littlesparta.co.uk
❀ **Derek Jarman's Garden,** Garten des britischen Regisseurs und Künstlers, Prospect Cottage, Dungenness, Shepway, in der englischen Grafschaft Kent.

Adressen, die Ihnen weiterhelfen

Buchsbaum

Baumschule Atrops
Feldstraße 12
47509 Rheurdt
www.baumschule-atrops.de

Gartenmöbel

Garpa
Kiehnwiese 1
21039 Escheburg
www.garpa.de

Historische Baustoffe

**Unternehmensverband
Historische Baustoffe**
Dreihäusle 3
78112 St. Georgen
www.historische-baustoffe.de

Kies

**Badische Terrazzo Handels-
gesellschaft mbH**
Huttenheimer Landstraße 2
76676 Graben-Neudorf
www.gartenkies.de

Rosen

W. Kordes Söhne
Rosenstraße 54
25365 Klein Offenseth-Sparries-
hoop
www.kordes-rosen.com

Noack Rosen
Im Fenne 54
33334 Gütersloh
www.noack-rosen.de

Rosen Tantau
Tornescher Weg 13
25436 Uetersen
www.rosen-tantau.com

Historische und Englische Rosen

Schmidt Gartenpflanzen
Allgäuerstraße 15
87700 Memmingen
www.schmid-gartenpflanzen.de

Verein Deutscher Rosenfreunde
VDR-Geschäftsstelle
Waldseestraße 14
76530 Baden-Baden
www.rosenfreunde.de

Rosenbögen und Rankgitter

Classic Garden Elements
Goethestraße 27
65719 Hofheim am Taunus
www.classic-garden-elements.de

Saatgut

Kiepenkerl/Nebelung
(Versand) Im Weidboden 12
57629 Norken
www.kiepenkerl.de

Thomson & Morgan
Postfach 1069
36243 Niederaula
www.thompson-morgan.com

Stauden und Gräser

**Staudengärtnerei
Dieter Gaissmayer**
Jungviehweide 3
89257 Illertissen
www.staudengaissmayer.de

**Staudengärtnerei
Heinz-Richard Klose**
Rosenstraße 10
34253 Lohfelden
www.staudengaertner-klose.de

Piet Oudolf
Broekstraat 17
NL-6999 Hummelo
www.oudolf.com

Syringa-Pflanzen
Bernd Dittrich (Versand)
Bachstraße 7
78247 Hilzingen-Binningen
www.syringa-pflanzen.de

Staudengärtnerei

Gräfin von Zeppelin
Weinstraße 2
79295 Sulzburg-Laufen
www.graefin-v-zeppelin.com

Gesellschaft der Staudenfreunde
GdS-Geschäftsstelle
Neubergstraße 11
77955 Ettenheim
www.gds-staudenfreunde.de

Wassergarten

Die Haus & Garten Galerie
Münsterstraße 7
48282 Emsdetten
www.hug-galerie.com

Oase GmbH
Tecklenburger Straße 161
48477 Hörstel
www.oase-livingwater.com

re-natur GmbH
Charles-Roß-Weg 24
24601 Ruhwinkel
www.re-natur.de

Stichwortverzeichnis

Über die Autorin

Marion Lagoda wurde 1959 im Bergischen Land geboren, entwickelte früh eine ausgeprägte Beziehung zur Natur und hatte schon als Kind Freude an gärtnerischen Beschäftigungen. Sie studierte Kunstgeschichte, absolvierte ein Zeitungsvolontariat und arbeitete als Lokalredakteurin. Nach der Geburt ihrer zwei Kinder begann sie, für diverse Printmedien als freie Gartenjournalistin zu schreiben und unternahm mehrere Gartenreisen nach Großbritannien. Sie lebt mit ihrem Mann in Hamburg, wo sie als Ausgleich zu ihrer schreibenden Tätigkeit den selbstangelegten Reihenhausgarten pflegt. Zu ihren Lieblingspflanzen zählen Hortensie, Schachbrettblume und Buchsbaum.

Bibliographische Information der Deutschen Bibliothek

Die Deutsche Bibliothek verzeichnet diese Publikation in der Deutschen Nationalbibliographie; detaillierte bibliographische Daten sind im Internet über http://dnb.ddb.de abrufbar.

BLV Buchverlag GmbH & Co. KG
80797 München

© 2009 BLV Buchverlag GmbH & Co. KG, München

Umschlagfotos: FG/Szczepaniak (Vorderseite); FG/Caspersen (Rückseite)

Lektorat: Dr. Thomas Hagen.
Dr. Eva Dempewolf

Herstellung: Hermann Maxant

Layoutkonzept Innenteil:
FLORA Garten/Thomas Fölski

Layout und DTP: Heidrun Bonnet

Gedruckt auf chlorfrei gebleichtem Papier

Printed in Italy

ISBN 978-3-8354-0491-5

Gewusst wie: die schönsten Gärten planen wie die Profis

Margit Deml/Michael Breckwoldt/Martina Raabe
Wir planen unseren Traumgarten
Bildschöne Beispiel-Gärten mit Perspektivplänen, Gestaltungs-
prinzipien, Material und Bepflanzung · Konkrete Lösungen:
Familien- und Reihenhausgärten, formale und frei gestaltete
Gärten und vieles mehr.
ISBN 978-3-8354-0489-2

Bücher fürs Leben.